IM KOPF DES NARZISSTEN:

SCHLAGE IHN MIT SEINEN EIGENEN WAFFEN

SOFIA MÜLLER

INHALT

VORWORT

In meinen wildesten Träumen hätte ich mir nie vorstellen können, dass ich eines Tages für all das Elend, das mein Ex-Freund mir bereitet hat, dankbar sein werde. Doch wegen diesem Buch bin ich für all den Schmerz dankbar.

Der Gedanke, so vielen Frauen helfen zu können, die mit ihren Narzissten die gleichen oder ähnliche Szenarien erlitten haben, brachte mir einen neuen Lebenszweck.

Wenn du glaubst, dass du am Tiefpunkt bist, wenn du glaubst, dass du in einer Sackgasse bist, merkst du gar nicht, wie wenig du brauchst, um diesen Schalter in deinem Kopf umzulegen und die Kraft zu finden, all das zu tun, was du nie für möglich gehalten hast.

Mit diesen Worten möchte ich mich bei all denen bedanken,

die in den schwierigsten Momenten für mich da waren, die mich getröstet und mir in irgendeiner Weise geholfen haben. Ich möchte auch jedem von euch, dem die dringend nötige Unterstützung im Leben fehlt, der die gleichen Dinge durchmachen musste wie ich, die gleiche Unterstützung bieten.

Nachdem du dieses Buch gelesen hast, wirst du eine Kraft in dir entdecken, von der du nicht einmal etwas wusstest. Du wirst nicht nur die glückliche, fröhliche Frau wiederfinden, die du einst warst, sondern auch die Motivation und Freude in dir selbst entdecken, dein Leben zu verändern und neu zu beginnen.

EINLEITUNG

„Das hab ich mir für mein Vorstellungsgespräch morgen gekauft. Wie findest du es?" Ich drehte mich um, um ihm mein neues Outfit zu zeigen, und wartete gespannt auf seine Meinung.

„Das würde deiner Mutter gut stehen."

Als er sah, wie meine Kinnlade herunterklappte, grinste er, lächelte kurz und sagte: „Du bist in letzter Zeit so empfindlich. Ich habe nur Spaß gemacht. Selbstverständlich möchtest du für diesen Job einen etwas reiferen Look haben. Es ist ein großer Schritt nach vorne."

Mehr brauchte es nicht, um meine Nervosität anlässlich eines Vorstellungsgesprächs auf Stufe 11 zu treiben. Von hinten legte er seine Arme um meinen Körper. Es gab eine Zeit, in der das geholfen hätte, aber nach diesem „Vorspann" fühlte ich mich dadurch nicht beruhigt oder getröstet. Ich fühlte mich irritiert und unglücklich, und mein Körper verkrampfte sich, anstatt sich zu entspannen.

Dies war eine typische Szene, wie ich sie nur allzu gut kannte – subtile Anspielungen und ironische Bemerkungen. Kam es zur Aussprache, versuchte er stets alles auf mich zu schieben. Ich war immer diejenige, die den „Witz" überbewertet hatte oder die sich etwas „locker" machen sollte.

Wie hättest du reagiert? Hättest du ihn weggestoßen und ein Lachen vorgetäuscht oder versucht, seine Bemerkung zu ignorieren? Hättest du den halben Abend damit verbracht, deinen ganzen Schrank zu durchwühlen, um etwas anderes zum Anziehen zu finden, anstatt dich auf dein Vorstellungsgespräch vorzubereiten? Ich tat es – um mir dann die meiste Zeit des Vorstellungsgespräches Gedanken darüber zu machen, wie ich aussehe, anstatt meinem zukünftigen Arbeitgeber zu zeigen, was ich in Sachen Kompetenz und Fähigkeiten zu bieten hatte.

Zwei Jahre lang war ich diese Frau. Unter anderen Umständen hätte ich wahrscheinlich versucht, die Beziehung trotz allem aufrechtzuerhalten, egal was er diesmal wieder gebracht hätte – immer und immer wieder. Möglicherweise war ich nicht verständnisvoll oder unterstützend genug. Vielleicht habe ich ihn auch wegen meines Jobs, wegen meiner Familie oder wegen meines Hundes vernachlässigt. Fakt ist: Egal was passierte, ich war immer schuld.

Ich bin nur eine gewöhnliche Frau, manchmal ein wenig freimütig und temperamentvoll, aber normal. Ich bin die Art von Person, von der man den Eindruck haben könnte, dass sie alles im Griff hat. Im Inneren war ich jedoch zutiefst verunsichert, deprimiert und gestresst. Mir wurde schon immer gesagt, dass wenn man etwas erreichen will, man hart dafür arbeiten müsse; wegzulaufen oder aufzugeben sei was für Versager. Als Frau ist es dein Job, eine Beziehung am Laufen zu halten. Wenn dir das nicht gelingt, dann weil du eine Versagerin bist. Das ist es, was deine Mutter, deine beste Freundin und die Medien dir erzählen.

Schau dir das Titelblatt irgendeiner Frauenzeitschrift an und du wirst Überschriften wie die folgenden finden:

„Wie du deinen Schwarm dazu bringen kannst, sich in dich zu verlieben"

„9 Dinge, die du NIEMALS beim ersten Date sagen solltest!"

„5 Tricks, mit denen du deine Ehe im Griff behalten kannst"

„Warum er dich wirklich verlassen hat"

Diese Titel und die damit verbundenen Artikel legen den Fokus darauf, einen Mann anzuziehen, zu bekommen und zu behalten. Und wenn du das nicht schaffst, dann nur, weil du:

- dich nicht genug bemüht hast.
- dich nicht attraktiv genug gemacht hast.
- ihn nicht genug geliebt hast.
- ihn nicht genug respektiert hast.

Der Narzisst wird diese Denkweise noch verfestigen.

Die gute Nachricht ist, dass ich es geschafft habe, meinen Peiniger loszuwerden und dabei noch stärker zu werden. Solange du noch atmest, gibt es keine Situation, die so schlimm ist, dass du dich nicht von ihr befreien kannst. Es kann etwas dauern, bis man geistig und emotional stark genug geworden ist, und es kann Raffinesse oder Vorausplanung erfordern. Zu der Zeit, als ich aus meiner Situation herauskam, hatte ich bereits meinen Job, mein Zuhause, viele meiner Freunde und mein Selbstwertgefühl verloren und war meiner Familie entfremdet worden. Aber wenn ich es herausschaffen konnte, dann kannst du es auch.

Die Genesung erfolgte nicht sofort. Eigentlich befinde ich mich auch heute noch in einem Genesungsprozess. Es dauerte lange, bis ich meinen Instinkten wieder vertrauen konnte. Ich spüre immer noch meinen Weg durchs Leben, wie wir es alle tun; der Prozess geht weiter. Mein Ziel ist es, anderen Frauen einen Teil des Schmerzes, den ich erlitten habe, zu ersparen. Es ist schwierig, die Tücken zu kennen, wenn man nicht selbst gekämpft hat. Selbst Frauen, die in missbräuchlichen, narzisstischen Beziehungen waren, scheinen hart ins Gericht zu gehen. Es gibt Leute in deinem Leben, darunter auch dein Narzisst, die deine Versuche, weiterzumachen, aktiv sabotieren werden. Viele Freunde und Familienmitglieder werden so frustriert wegen der ganzen Situation sein, dass sie überhaupt nichts mehr davon hören wollen. Umso mehr fühlst du dich isoliert und allein.

Während ein narzisstischer Partner daran arbeitet, dir die Menschen, die dir am nächsten stehen, zu entfremden, legt er systematisch deine Abwehrkräfte lahm. Sein Ziel ist es, dir deine Selbstsicherheit zu nehmen, was so weit gehen kann, dass du entscheidungsunfähig wirst. Ein narzisstischer Mensch ist nie für sein Verhalten oder für seine Fehler verantwortlich. Sie existieren schlichtweg nicht. Du bist schuld, seine Eltern sind schuld, die Gesellschaft ist schuld. Jeder außer ihm.

Gaslighting ist ein typischer Trick, den Narzissten anwenden.

„Das ist nicht passiert."

„Das habe ich nicht gesagt."

„Du bildest dir Dinge ein."

Sie benutzen eine absolutistische Ausdrucksweise, in der häufig Wörter wie „immer", „nie" und „jedes Mal" vorkommen.

„Du glaubst nie an mich."

„Du tust immer alles, nur um mit mir zu streiten."

„Jedes Mal, wenn mir etwas Gutes passiert, musst du es ruinieren."

Es geht nie darum, was außerhalb ihrer kleinen Welt passiert, sondern immer nur darum, wie sich das, was passiert, auf *sie* auswirkt. Ein Unfall auf der Autobahn ist kein Grund zur Sorge, es sei denn, er beeinflusst seine Fahrt zur Arbeit. Klar, so geht es uns allen manchmal. Aber beim Narzissten ist das ein konstanter Geisteszustand. Deine Großmutter hatte einen Herzinfarkt? Nun, er hat für dich ein tolles Abendessen zubereitet, und jetzt ist es ruiniert, weil du aufgewühlt bist und schnell ins Krankenhaus musst. Du wirst dich wahrscheinlich dafür entschuldigen müssen, dass du das gemeinsame Abendmahl ruiniert hast oder ihn nicht genug wertschätzt. Es ist erschöpfend für die Menschen in seinem Umfeld. Du könntest dich dabei ertappen, dass du wie auf Eiern gehst, wenn er in deiner Nähe ist, und hoffst, nichts zu sagen oder zu tun, was ihn aus der Fassung bringen könnte.

Das ist nur eine Kostprobe, was es bedeutet, in einer Beziehung mit einem Narzissten zu sein. Wenn du das gerade liest, weißt du es wahrscheinlich schon. Aber was ist Narzissmus eigentlich? Es ist einer dieser Begriffe, die Menschen häufig gebrauchen, um jemandem sein rücksichtsloses, egoistisches Verhalten vorzuwerfen. Dein narzisstischer Partner wird diese Anschuldigung wahrscheinlich als Erster machen. Es ist das typische Schema: Lügner werfen allen anderen vor, unehrlich zu sein; unhöfliche Menschen beschweren sich über mangelnde Höflichkeit; und der Narzisst wird dir vorwerfen, rücksichtslos und egoistisch zu sein.

Als narzisstische Person bezeichnen wir in der Regel jemanden, der egozentrisch und manipulativ ist. Das stimmt zwar, aber Narzissten sind mehr als das.

Narzisstische Menschen sind oft erfolgreich und wirken nach außen hin äußerst charmant und entschlossen. Diese Qualitäten machen sie attraktiv; sie sind das, was andere Menschen zu ihnen hinzieht. Erst nachdem sie dich in ihren Machtbereich hineingesaugt haben, kommt ihre wahre Gestalt zum Vorschein. Außenstehende wissen vielleicht nicht einmal, dass Missbrauch vorliegt.

Die Manipulation beginnt bereits früh, vollzieht sich aber anfänglich in einem positiven Ton.

„Noch nie habe ich mich bei jemandem so wie bei dir gefühlt."

„Du bedeutest mir mehr als alles andere. Ich weiß nicht, was ich tun würde, wenn ich dich verlieren würde."

„Du bist das Beste, was mir je passiert ist. Wir sind Seelenverwandte."

Welche Frau hört so etwas nicht gerne? Durch Märchen und soziale Konditionierung ist es für viele von uns genau das, was wir wollen. Das ist einer der Gründe, warum wir so lange bleiben und uns so sehr bemühen, dass es funktioniert. Deshalb kehren einige von uns immer wieder zurück. Es existiert sogar eine offizielle Diagnose für eine Erkrankung namens Narzisstisches Opfersyndrom (NOS), die dem Diagnostic and Statistical Manual of Mental Disorders (DSM-5) hinzugefügt wurde.

Möglicherweise wirst du überrascht sein zu erfahren, dass es auch so etwas wie „soziale Rückendeckung" gibt. Chefs, Therapeuten und Eltern werden dich – nicht selten mit der Unterstützung deines Peinigers – anklagen: „Wie konntest du jemanden verlassen, der so fleißig und talentiert ist?!" Was er mit deiner Seele macht, spielt keine Rolle.

Der 1. Juni ist der Narcissistic Abuse Awareness Day. Das ist auch eine Art Fortschritt. Aber ich möchte dir mehr als einen Tag widmen. Ich möchte dir dein Leben und dein Wohlbefinden zurückgeben.

Wie kommt eine normale, intelligente, liebevolle Frau wie du in eine solche Situation? Warum verharren so viele von uns so lange in ihr? Genau das werde ich in diesem Buch erforschen.

Aber es geht nicht nur darum, mit einem Narzissten zusammen zu sein. Es geht darum, gegen einen Peiniger zu kämpfen und ihn für immer aus deinem Leben zu verbannen. Um einen narzisstischen Peiniger endlich loszuwerden, musst du lernen, wie er seine Psychospielchen spielt, und ihn mit seinen eigenen Waffen schlagen.

Ich werde dir zeigen, wie das funktioniert – mit Beispielen aus dem Alltag, Skripten und persönlichen Anekdoten aus meinem eigenen Leben und dem Leben meiner Freunde, denen ich auf dieser Reise begegnet bin.

Das Buch ist in drei Abschnitte gegliedert, um ein klares Bild davon zu vermitteln, wie die Phasen einer missbräuchlichen Beziehung beginnen, wie der Missbrauchszyklus voranschreitet und wie du dein Selbstwertgefühl wiedererlangen und diesen Zyklus für immer durchbrechen kannst.

Der Zyklus des narzisstischen Missbrauchs umfasst sechs Phasen:

1. Hoffnung, dass alles gut wird.

2. Verwirrung, wenn die Realität einsetzt.

3. Resignation, als erschöpfender und endloser Kreislauf von Suchen – Verweigern – Suchen – Bekommen.

4. Hypersensibilität in Bezug auf Gedanken, Worte oder Verhaltensweisen, die zu Missbrauch führen könnten.

5. Isolation von Support-Netzwerken.

6. Verzweiflung und die Frage, ob man dem Missbrauch, der Beziehung oder dem eigenen Leben ein Ende setzen soll. Die einzige Lösung ist der Ausstieg.

Bevor du die letzte Phase erreichst, werde ich dir ein paar Strategien zur Verfügung stellen, um das Ganze zu beenden, sowie Tools und Methoden, die dir helfen werden, innerlich zu heilen und stärker aus der Sache hervorzugehen.

Wir werden uns auch damit befassen, wie man zu dieser Phase kommt.

In einer normalen, gesunden Beziehung stabilisiert sich die Situation nach der Flitterwochen-Phase, sobald sich die Gehirnchemie wieder normalisiert. Oft ist das die Übergangsphase, mit der alles steht oder fällt. Die meisten Paare durchlaufen eine Anpassungsphase, während die Beziehung sich weiterentwickelt. Die Dinge, die am Anfang niedlich waren, könnten anfangen, dich zu nerven. Eines Tages wachst du auf und merkst, dass die Pflicht ruft und dass du deine anderen Beziehungen vernachlässigt hast. Zu diesem Zeitpunkt in der Beziehung wird einer oder werden beide Partner beschließen, entweder gemeinsam einen Weg zu finden oder getrennte Wege zu gehen.

Das ist der Zeitpunkt, an dem der Narzisst in Panik gerät. Warum brauchst du überhaupt Freunde? Er ist doch dein bester Freund! Du liebst ihn nicht genug! Du wirst ihn verlassen, genau wie alle anderen. Aber du bist nicht wie andere Frauen, oder? Das hat er dir jeden Tag gesagt, seit ihr angefangen habt, euch zu treffen. Du bist etwas Besonderes. Natürlich wirst du ihn nie verlassen!

Und bevor du dich versiehst, liegen sein persönliches Glück und seine Zukunft in deiner Verantwortung. Die meisten Frauen, die sich in einer dieser alles verzehrenden und missbräuchlichen Liebesbeziehungen befinden, sind Empathen.

Wir werden uns mit den verschiedenen Phasen befassen, die ein Empath in einer co-abhängigen Beziehung mit einem Narzissten durchläuft.

Eine Beziehung zu einem Narzissten entwickelt sich zu einem Zyklus aus Manipulation und Kontrolle. Zu diesem Zeitpunkt sind die Flitterwochen definitiv vorbei, aber du bist emotional gefangen. Und genau das verwirrt die Außenstehenden. Wie kann sich eine starke, unabhängige Frau, die „frei“ ist, gefangen fühlen? „Wenn es so schlimm ist, warum gehst du dann nicht einfach?“, werden sie fragen.

Diejenigen von uns, die es erlebt haben, sind mit der emotionalen Paralyse, den Schuldgefühlen und der Scham vertraut. Wir übernehmen die ganze Schuld und Verantwortung, weil wir konditioniert wurden, sie zu akzeptieren. Viele von uns sind in einem Elternhaus aufgewachsen, in dem ein narzisstischer Elternteil dominierte, oder es gab in der Vergangenheit Beziehungen zu missbräuchlichen Männern, sodass dies unsere Realität ist. Für uns ist das „normal“.

Narzissten sind auch sehr gut darin, unschuldig zu wirken. Sie werden dich und andere Menschen in deinem Leben davon überzeugen, dass du allein schuld bist. Dein Narzisst wird sogar zu deinen Freunden und deiner Familie gehen (zumindest zu denen, die noch da sind), um bei ihnen Rat für dein „schwieriges“ Verhalten zu suchen. Wegzugehen ist nicht so leicht, wie es klingt, und du wirst vielleicht nicht viele Verbündete haben, wenn du versuchst zu gehen. Noch schwieriger ist es, wenn andere Verpflichtungen das sind oder Kinder involviert sind.

Deshalb ist es wichtig, sich nicht nur von dieser narzisstischen

Person zu lösen, sondern auch innerlich zu genesen, damit der Zyklus in der nächsten Beziehung nicht fortgesetzt wird. Wenn du ein gemeinsames Kind, ein Haus oder ein Unternehmen mit dieser Person hast, solltest du eventuell lernen, wie du mit ihm zurechtkommen und weitermachen kannst, ohne dass sein Narzissmus weiterhin andere Bereiche und Menschen in deinem Leben beeinträchtigt. Eine Therapie für alle Beteiligten kann in diesem Prozess helfen, insbesondere um den Missbrauchszyklus zu durchbrechen, bevor eure Kinder ins Erwachsenenalter kommen.

Hoffentlich liest du dieses Buch an einem Punkt, an dem du noch nicht mit ihm unter einem Dach lebst und keine Kinder mit ihm hast. Das volle Spektrum narzisstischen Missbrauchs wird sich möglicherweise erst zeigen, wenn dein Lebensgefährte dich unter einem Dach hat und du ihm ausgeliefert bist.

Das ist die Phase des Erwachens. Damit beschäftigen wir uns in den letzten Kapiteln dieses Buches. Du hast es satt, dich permanent erschöpft zu fühlen, Angst zu haben und missbraucht zu werden. Du willst raus, aber möglicherweise möchtest du auch etwas Vergeltung, bevor du gehst.

Es ist jedoch durchaus wahrscheinlich, dass du dich, nachdem er zu seinem nächsten Opfer gewechselt hat, immer noch erschüttert und verletzt fühlst. Es ist ein Gefühl der Enttäuschung. Du wirst geistig, körperlich und spirituell ausgelaugt sein. Wie die Erholung von jeder chronisch stressigen Situation kann die Zeit der darauffolgenden Genesung sehr lange dauern, und es kann schwierig sein zu wissen, wo man überhaupt anfangen soll. Selbst Gefühle der Zufriedenheit und des Selbstvertrauens, die du erlangt hast, nachdem du ihm die Tür gezeigt hast, können nur von kurzer Dauer sein.

Man sagt, dass man für jeden Monat, den man in einer Beziehung mit jemandem verbracht hat, bis zu drei Monate braucht, um zu heilen. Das gilt für eine gesunde Beziehung! Wie kannst du also genesen und dauerhaft stark bleiben? Wie kannst du dein Selbstvertrauen wiedergewinnen und aufrechterhalten? Wie kannst du dich weiterentwickeln und dafür sorgen, dass du in Zukunft das Muster nicht fortsetzt?

Ich werde versuchen, dir effektive Tools und Methoden zur Selbsthilfe und Heilung zur Verfügung zu stellen, ohne dass du traurige Songs hören und dich auf einen halben Liter Eiscreme stürzen musst. Es gibt gesunde Aktivitäten, wie z. B. Meditation, Sport oder einen Spaziergang im Park, die tatsächlich deine Gehirnchemie ankurbeln und dir helfen werden, dein Selbstwertgefühl zu steigern. Das kann ein langer Prozess sein, aber du kannst es schaffen. Ich weiß, dass du es wert bist, und du weißt es auch.

Du fragst dich immer noch, ob dieses Buch wirklich etwas für dich ist? Stelle dir selbst ein paar simple Fragen.

Bringt dich dein Partner öfter zum Weinen als zum Lächeln?

Schleichst du auf Zehenspitzen herum, nur um eine Szene zu vermeiden?

Fragst du dich, wo alles schiefzulaufen begann und ob es sich lohnt, an der Beziehung zu arbeiten?

Fühlst du dich manipuliert und missbraucht, obwohl er dir nie auch nur ein Haar gekrümmt hat, auch nicht in der Wut?

Bist du es leid, zu streiten und das Unvertretbare zu vertreten?

Verspürst du manchmal den Drang, den Spieß umzudrehen und ihm eine Kostprobe seiner Machtspielchen zu geben?

Wenn eine deiner Antworten auf diese Fragen „Ja" lautet, werde ich versuchen, dir zu helfen.

Dieses Buch ist in drei Abschnitte mit jeweils drei Kapiteln gegliedert, da sich derartige Dramen in der Regel in mehreren Akten abspielen. Ich wünsche dir viel Spaß beim Lesen und hoffe, dass du durch diese Lektüre profitieren wirst.

ABSCHNITT I: Im Bann der Flitterwochen-Phase

Dieser Abschnitt verschafft dir einen Einblick darin, was für einen märchenhaften Anfang co-abhängige, missbräuchliche Beziehungen oft haben. Der Narzisst wittert Eigenschaften wie Empathie, Naivität oder Mangel an Selbstvertrauen, die manche Frauen leichter manipulierbar machen. *Denke daran: Es liegt nicht an dir. Wir sind dazu bestimmt, fürsorglich zu sein und nach Prinz Charming zu suchen. Diese Manipulatoren sind Experten, wenn es darum geht, unsere besten Qualitäten gegen uns einzusetzen.*

KAPITEL 1: Achtung!

Erinnerst du dich, wie du dich bei dem bloßen Gedanken an ihn gefühlt hast, als du noch frisch verliebt warst? Die Liebeswerbung bei einem Narzissten setzt die ersten Schwärmereien der Verliebtheit, die erste Welle von Endorphinen und den gesamten Prozess auf Steroide. Mit diesem grausamen, psychotischen Menschen geschieht alles schnell und zügellos. Er fegt dich von deinen Füßen und bringt dich dazu, dich instabil, verunsichert und taumlig zu fühlen.

Das Love-Bombing begann nach unserem ersten Date, und es ließ nicht nach, bis meine Abwehrkräfte völlig am Ende waren. Ich fühlte mich schwach und verzweifelt. Aber es war nicht wirklich Liebe. Es war der Aufbau einer co-abhängigen Beziehung, die mein Selbstwertgefühl fast zerstört hätte.

KAPITEL 2: Ist das normal? – Die ersten Anzeichen, dass etwas nicht stimmt

Sitzt du da und fragst dich, ab welchem Zeitpunkt euer perfekter Anfang schiefgelaufen ist? Ich kenne mich damit aus. Lange Zeit dachte ich, ich sei verrückt, ich übertreibe, bilde mir Dinge ein, und er förderte meine Verunsicherung. Das ist die Kunst der Manipulation. Das Gaslighting beginnt ziemlich früh in dieser Art von Beziehungen und verändert die Dynamik, bevor du weißt, wie dir geschieht. Ich werde dir die Anzeichen aufzeigen, an denen du erkennst, dass du dich in einer missbräuchlichen Beziehung mit einem Narzissten befindest (mit Listen und Beispielsituationen).

KAPITEL 3: Es liegt nicht an dir, es liegt an ihm

Eine Methode, wie der Narzisst dich verwundbar und unsicher macht, ist, dich davon zu überzeugen, dass *er* das Opfer ist und *du* das Problem hast. Narzissten verwenden Tricks und Psychospielchen, um dich aus dem Gleichgewicht zu bringen.

ABSCHNITT II: Mittendrin: Die Anzeichen narzisstischen Verhaltens erkennen

Es ist schwer zu erkennen, dass man in einer missbräuchlichen Beziehung ist, wenn man mittendrin steckt, selbst wenn man spüren kann, dass etwas nicht stimmt. Es kommt auch vor, dass man sich einsam und durcheinander fühlt. Vielleicht wirst du dich in meinen eigenen Erfahrungen wiedererkennen. Möglicherweise erkennst du genau die Art von missbräuchlichem Verhalten, mit dem du derzeit lebst. Wissen ist Macht. Zu erkennen und zuzugeben, dass man sich in einer ausweglosen, toxischen Partnerschaft befindet, ist der erste Schritt zur Freiheit.

KAPITEL 4: Ist dein Partner ein echter Narzisst?

Ist er psychotisch oder bloß eingebildet? Hier findest du Informationen über spezifische narzisstische Verhaltensweisen, Eigenschaften und Motive. Dazu gehören eventuelle genetische Prädispositionen, die Familien- oder Beziehungsgeschichte und der Unterschied zwischen selbstbewusstem Verhalten (das gemildert werden kann) und echtem Narzissmus (der veränderungsresistent ist). Narzissten sind oft sehr aufgeschlossen und dynamisch, und sie weisen viele Ähnlichkeiten mit erfolgreichen Menschen auf.

KAPITEL 5: Kommt dir das bekannt vor? Szenen aus einer coabhängigen Beziehung

Ich hoffe, dir durch meine persönliche Erfahrung helfen zu können, indem ich dir von meinem Leben und meiner Vergangenheit erzähle, sodass du dich darin übst, rechtzeitig typische Situationen, charakteristische Muster und spezifische Eigenschaften zu erkennen, die dich für diese Art von Psychospiel anfälliger machen können. Dies hat etwas mit deiner Selbstwahrnehmung zu tun, nicht mit der Schuldfrage. Die stärksten und intelligentesten Frauen sind diejenigen, die am härtesten fallen. Du bist eine Überlebende, kein Opfer.

KAPITEL 6: Neue Kraft schöpfen

Co-abhängige Beziehungen sind der Drogenabhängigkeit sehr ähnlich. Jetzt, da du dich selbst wiedererkennen kannst, ist es an der Zeit, stärker zu werden. Es gibt bestimmte Maßnahmen, die du ergreifen kannst, um dich vom Bann eines Manipulators zu befreien. Eine der ersten Maßnahmen ist das Festlegen einer strikten Kein-Kontakt-Regel. Dadurch gewinnst du Zeit und Abstand, um dich von diesem Mann zu entgiften. Dieses Kapitel enthält besondere Schritte, die dir helfen werden, dein Selbstvertrauen wiederherzustellen, wie z. B. das Üben von Achtsamkeit mittels eines Tagebuches, Meditation und andere Selbsthilfemaßnahmen.

ABSCHNITT III: Deine Kraft wiedererlangen

Nachdem mir klar geworden war, dass ich mich in einer Beziehung mit einem Narzissten befand, stand ich vor der Frage, was ich tun sollte. Unzählige Zeitschriftenartikel, Bücher, Blogbeiträge etc. sprechen von dem Allheilmittel der „bedingungslosen Liebe"; wir werden regelrecht davon überflutet. Und wir glauben dann, dass wir die Person, mit der wir zusammen sind, in Ordnung bringen könnten. Das ist jedoch nicht möglich. Deshalb lautet die Antwort: deine Kraft wiedererlangen und dich aus seinen Klauen befreien.

Das ist jedoch leichter gesagt als getan. In diesem Abschnitt erfährst du, wie du die Kraft erlangen kannst, zu gehen und innerlich zu heilen.

KAPITEL 7: Den Spieß umdrehen und ein bisschen Rache nehmen

Man sagt, Rache ist süß. Selbstverständlich willst du deinen missbräuchlichen, zukünftigen Ex nicht wirklich verletzen, schon gar nicht körperlich. Du kannst ihm aber eine Kostprobe seiner eigenen Machtspielchen geben. Das wird ihn zwar nicht von seinem Narzissmus heilen – nur eine intensive Psychotherapie kann das tun –, aber es wird ihn aus der Fassung bringen, wenn er merkt, dass du sein Spiel durchschaut hast und immer besser darin wirst.

KAPITEL 8: Sich von einem Narzissten lösen

Eigene Maßnahmen zur Selbsthilfe und die Vertreibung eines Narzissten mittels seiner eigenen Waffen werden dich hoffentlich physisch von dieser Beziehung lösen. Um sich emotional zu lösen, bedarf es allerdings mehr Zeit. Hier wirst du Hilfe bekommen, um dich für den Fall vorzubereiten, dass dein Ex versucht, wieder in dein Leben zurückzukehren (und viele tun das), oder um dich auf eine neue Beziehung vorzubereiten. Es wird eine neue geben – entspanne dich also, genieße die Zeit mit deinen Freunden und deiner Familie, lerne dich selbst wieder kennen und lerne in der Zwischenzeit, deine eigene Gesellschaft zu genießen.

KAPITEL 9: Stärker und weiser: Weitermachen

Wenn ich durch meine persönliche Erfahrung und durch meine Erkenntnisse auch nur einer einzigen Person etwas Schmerz ersparen kann, dann hat es sich gelohnt, dieses Buch zu schreiben. Weisheit muss nicht ausschließlich mit dem Alter kommen; sie kann auch aus Erfahrung, Selbstwahrnehmung und aus dem zeitlichen Abstand heraus kommen. Fehler erkennen wir erst im Nachhinein. Der Schlüssel zum Überleben ist, sie in Lektionen umzuwandeln und stärker, aber auch weiser daraus hervorzugehen.

Keine Sorge: Das hier ist kein trockener akademischer Text. Ich hoffe, dir Hoffnung zu schenken und dich mit Inspiration zu erfüllen, indem ich dir Informationen an die Hand gebe, die mit Humor vermittelt und mit Fakten untermauert werden.

Bist du bereit, dein Leben und deine Vernunft wiederzuerlangen? Los geht's.

ABSCHNITT I

IM BANN DER FLITTERWOCHEN-PHASE

„Du siehst ungefähr so entspannt aus wie ich."

Ich blickte auf und schaute in zwei schwarze Augen. Die Worte kamen von einem Kerl, den ich vorhin schon gesehen hatte. Aus der Ferne wirkte er irgendwie traurig und stand ganz allein da, als bräuchte er eine Umarmung.

„Meine Schwester und ihr Freund wollten, dass ich mitkomme. Sie meinten, ich müsse öfter rauskommen." Ich zeigte auf sie am anderen Ende des Raumes.

„Du bist Ashleys Schwester? David ist mein Cousin." Er schien sich ein wenig aufzulockern und wurde etwas lebhafter.

„Ich bin kein großer Fan von Menschenmassen oder Rauch", fügte er hinzu. *„Willst du nach draußen gehen und ein bisschen spazieren oder so, etwas frische Luft schnappen?"*

Ich war zurückhaltend. Nach ein paar schlechten Erfahrungen

wollte ich nur ungern eine Party mit einem Typen verlassen, den ich gerade mal fünf Minuten kannte.

Das spürte er offenbar, deshalb sagte er: *„Ich verspreche, dass nichts passieren wird. Wenn doch, bin ich mir sicher, dass mein Cousin da drüben mir einen Arschtritt verpassen wird.“* Er hatte ein wirklich schönes Lächeln, als er beschloss, es aufzulegen. Ich gab meiner Schwester Bescheid, dass ich wegwollte, und wir gingen los.

In dieser Nacht ist tatsächlich nichts passiert. Wir gingen spazieren und redeten einfach nur miteinander. Eine entspannte und angenehme Atmosphäre umgab uns. Alles fühlte sich so natürlich an. Wir hatten so vieles gemeinsam. Es fühlte sich so an, als würde ich ihn schon seit Ewigkeiten kennen. Er fuhr mit uns mit, als Ashley und Dave mich später nach Hause fuhren, und wir lachten alle den ganzen Weg bis nach Hause.

Als ich am nächsten Morgen aufwachte, hatte ich eine SMS bekommen, in der stand, dass er mich wiedersehen wolle. Er holte mich noch am selben Nachmittag ab. Das Date war perfekt. Wir spielten Minigolf und gingen danach Pizza essen. Es war eines der besten ersten Dates, die ich je erlebt hatte. Kein Druck, kein Stress. Einfach nur tolle Gespräche und viel Lachen.

Ich erinnere mich daran, dass ich dachte, dass wir bestimmt wie eines dieser Paare aussehen mussten, denen ich einst mit einem gewissen Neid nachgesehen hatte, als ich mit meinen Freundinnen in der Mittelstufe immer zum Minigolf ging. Die Flut an Aufmerksamkeitsbekundungen begann mit einer SMS, die er mir schickte, kaum dass er aus der Einfahrt rausgefahren war, nachdem er mich am Abend nach Hause gefahren hatte, und ließ nicht nach, bis er zwei Monate später bei mir einzog.

Es sollte zwei weitere Jahre dauern, bis ich den wohl toxischsten Mann losgeworden war, den ich je getroffen habe.

Wie hatte ich mich so sehr und so schnell verlieben können, und warum ist diese „perfekte" Beziehung so schiefgelaufen?

Der beste Startpunkt für jede Geschichte ist ganz am Anfang. Das ist die Zeit, in der eine Beziehung voller Potenzial ist. Du bist dir sicher, dass du den Richtigen getroffen hast. Er ist dein Seelenverwandter; der Mann, auf den du schon immer gewartet hast, der dich vollständig macht. Du befindest dich in der Flitterwochen-Phase, die den Beginn fast aller neuen Beziehungen markiert.

Die meisten von uns beginnen ein neues Abenteuer mit Hoffnung in ihrem Herzen und eventuell auch mit ein wenig Angst. Am Anfang einer Beziehung oder eines Jobs zeigt sich jeder von seiner Schokoladenseite, und wir versuchen, perfekt zu sein. Was wir nicht verstehen oder worüber wir in jungen Jahren nicht wirklich nachdenken, ist die Tatsache, dass eine dauerhafte Beziehung peu à peu aufgebaut werden sollte, um ein solides Fundament zu schaffen. Stattdessen lassen wir uns von der Leidenschaft und dem Rausch der neuen Liebe mitreißen, vielleicht sogar der ersten „echten" Liebe.

Ein Warnzeichen für potenziell missbräuchliche Beziehungen, insbesondere mit jemandem, der an einer narzisstischen Persönlichkeitsstörung leidet, ist die Geschwindigkeit, mit der alles passiert. Diese Charmeure überzeugen dich, dass Liebe auf den ersten Blick wahr ist und dass sie dir passiert. Ich sage nicht, dass sie das nicht tut. Allerdings ist das in Wirklichkeit eine Phase der Verliebtheit.

Missbräuchliche Beziehungen wechseln direkt vom Schweben im siebten Himmel zu einem ungesunden Teufelskreis aus Klammern, psychischem und emotionalem Missbrauch und Manipulation. An irgendeinem Punkt nimmt die Partnerschaft eine falsche und dunkle Wendung, und zwar rasant.

Es beginnt mit Love-Bombing.

Der Mensch hat ein natürliches Bedürfnis, sich geliebt und gewollt zu fühlen, was von der Gesellschaft durch Marketing, Literatur und Hollywood verstärkt wird. Alle unsere Märchen enden damit, dass die Protagonistin ihren Prinz Charming findet und bis ans Ende ihrer Tage glücklich lebt. Schau dir irgendeine Liebeskomödie an, sie wird von einer erfolgreichen Frau handeln, die alles außer Liebe hat. Es gibt immer einen Typen, der noch vor dem Ende des ersten Aktes auftaucht, um ihr den Weg zu weisen. Im zweiten Akt geht es turbulent zu, aber am Ende schaffen sie es immer.

Ist das nicht genau das, was jede Frau in ihrem tiefsten Inneren will?

Das Love-Bombing beginnt in einer Beziehung mit einem Narzissten sehr früh. Von Anfang an wollen sie jede Minute bei dir sein. Sie schicken Herzen und Küsse, vielleicht sogar Blumen an deine Adresse oder zur Arbeit. Wenn sie nicht physisch bei dir sind, trudeln jeden Tag in irgendeiner Form kleine Geschenke und Anrufe ein. Dein Handy wird vor lauter Nachrichten, die von Minute zu Minute eintreffen, regelrecht gesprengt.

Und bevor du weißt, wie dir geschieht, wirst du von einem Profimanipulator von den Füßen gefegt.

Der erste Abschnitt dieses Buches verschafft einen Einblick darin, was für einen märchenhaften Anfang co-abhängige, missbräuchliche Beziehungen oftmals haben. Der Narzisst wittert Eigenschaften wie Empathie, Naivität oder Mangel an Selbstvertrauen, die manche Frauen leichter manipulierbar machen.

Denke daran: Es liegt nicht an dir. Wir sind dazu bestimmt, fürsorglich zu sein, nach Prinz Charming zu suchen, und diese Manipulatoren sind Experten, wenn es darum geht, unsere besten Qualitäten gegen uns einzusetzen.

Kapitel 1 – Achtung! – beschäftigt sich mit diesem ersten Rausch der Verliebtheit. Wie bringt ein Narzisst eine Frau dazu, ihn zum Zentrum ihres Universums zu machen? Nicht jeder von ihnen beginnt die Beziehung mit der Absicht, dich emotional abhängig zu machen. Er will wirklich eine Beziehung, aber er weiß nicht, wie er eine gesunde Beziehung aufbauen soll. Möglicherweise gibt es sogar Hoffnung für diesen Typ. Am anderen Ende der Skala stehen die professionellen Manipulatoren. Das sind die wahren Soziopathen, und es gibt keine Hoffnung für sie.

Unabhängig vom Typ gibt es ein definiertes Muster bei diesen Beziehungen, das tendenziell stufenweise verläuft.

Erinnerst du dich, wie du dich bei dem bloßen Gedanken an ihn gefühlt hast, als du noch frisch verliebt warst? Die Liebeswerbung eines Narzissten legt die ersten Schwärmereien der Verliebtheit, die erste Welle von Endorphinen und den gesamten Prozess auf Steroide an. In einer Beziehung mit solch einem grausamen, psychotischen Menschen geschieht alles schnell und zügellos. Er fegt dich von deinen Füßen und bringt dich dazu, dich instabil, verunsichert und taumlig zu fühlen.

Das Love-Bombing begann nach unserem ersten Date, und es ließ nicht nach, bis meine Abwehrkräfte völlig am Ende waren. Ich fühlte mich schwach und verzweifelt. Aber es war nicht wirklich Liebe. Es war der Aufbau einer co-abhängigen Beziehung, die mein Selbstwertgefühl fast zerstört hätte.

So funktioniert es. Der missbräuchliche Mann überzeugt dich davon, dass du die Eine bist, dass ihr dazu bestimmt seid, zusammen zu sein. Am Anfang ist es wunderschön. Es ist alles, was du dir je in einer Beziehung gewünscht hast. Er ist aufmerksam, er gibt dir das Gefühl, dass dir die Welt zu Füßen liegt, und er macht dir deutlich, dass er sich bei dir genauso fühlt.

Doch im Laufe der Zeit entsteht eine gewisse Unsicherheit. Es ist schwer, die Fassade für lange Zeit aufrechtzuerhalten. Risse entstehen in seiner Maske, und du fängst an, die ersten Anzeichen von Problemen zu erkennen. Welche Warnzeichen sollten dich dazu bringen, einen Schritt zurückzutreten?

Es ist kompliziert, etwas Falsches in jemandem zu sehen, wenn man frisch verliebt ist. Aber irgendwann enden alle Flitterwochen. Selbst gesunde Beziehungen durchlaufen eine Phase der Anpassung an die Realität des anderen. Die Flitterwochen-Phase dauert in der Regel zwischen zwei Wochen und mehreren Monaten. Sie gehen jedoch immer zu Ende. Niemand vermag eine solche Intensität lange aufrechtzuerhalten. Das menschliche Gehirn funktioniert schlicht und einfach nicht so. Manchmal endet die Beziehung mit einem Narzissten genauso abrupt wie die anfängliche Verliebtheit. Viele Narzissten ziehen dann weiter zu ihrem nächsten Opfer, noch bevor sie die Sache mit dir beenden.

Nach der ersten Phase des gegenseitigen Kennenlernens fühlt sich der Partner in der Nähe des anderen wohler und beginnt, sein wahres Ich zu offenbaren. In einem gesunden Gehirn führt diese Anpassungsphase kaum dazu, dass der Betroffene alarmiert ist. Klar, vielleicht nervt dich das ein oder andere. Vielleicht findest du, dass zwanzig Anrufe pro Tag ein wenig zu viel sind. Wann hattest du das letzte Mal einen gemütlichen Tag zu Hause nur für dich oder wann hast du wieder mal mit deiner Mutter zu Mittag gegessen?

Im narzisstischen Gehirn löst die Rückforderung von etwas Individualität und die Eingewöhnung in eine andere Routine, die etwas weniger Zweisamkeit bedeutet oder nicht exklusiv auf die Beziehung fokussiert ist, Panik aus.

Der Mann, der am Anfang so zuversichtlich und selbstsicher wirkte, wird plötzlich anhänglich, vielleicht sogar ein Stalker. Für Frauen, die noch keine Erfahrung mit Liebesbeziehungen haben oder die noch nie Missbrauch erlebt haben, kann das eine sehr verwirrende Zeit sein.

Ungefähr zwei Wochen, nachdem wir zusammengezogen waren, erinnere ich mich, meinem Freund gesagt zu haben, dass ich zur Drogerie nebenan gehen will. Es war ein schöner Tag, also beschloss ich, mir die Zeit zu nehmen und auf dem Heimweg durch den Park zu gehen. Ich war für etwa fünfundvierzig Minuten weg, und ich kam nach Hause zu einem wütenden, runzligen Mann, der in seinem Stuhl versunken war. Ich dachte mir, dass vielleicht etwas passiert war; vielleicht hatte er einen Anruf mit schlechten Nachrichten bekommen, während ich weg war. Ich ließ meine Taschen fallen und sagte: ‚Was ist los? Was ist passiert?'

Völlig unerwartet schrie er mich an: ‚Wo zum Teufel bist du gewesen? Man braucht zehn Minuten zu Fuß zu Barr's und zurück. Du hättest vor zwanzig Minuten zu Hause sein sollen! Wo warst du wirklich? Du hast mich nicht gefragt, ob du woanders hingehen kannst.'

Ihn fragen?! Ich hätte nie gedacht, dass eine erwachsene Frau jemanden um Erlaubnis bitten muss, an einem schönen Tag einen Spaziergang zu machen, und das habe ich ihm auch gesagt. Das führte zu unserem ersten Streit. Am Ende weinte er auf dem Boden, umarmte meine Knie und flehte mich an, ihn nicht zu verlassen. Er meinte, dass er Angst bekommen habe, als ich nicht sofort zurückkam. Er dachte, dass mir etwas passiert sei, und er wüsste nicht, was er tun würde, wenn er mich verlieren würde.

Ich war fassungslos, ich war gerührt. Niemand hatte mich jemals so sehr geliebt, dass der Gedanke, mich zu verlieren, ihn zum Weinen brachte. Letztendlich entschuldigte ich mich, ihm Sorgen bereitet zu haben, und versprach, es nie wieder zu tun.

Ich hätte stattdessen laufen sollen!

Das war die erste Manipulation. Seinerseits bestand die Erwartung, dass ich innerhalb einer bestimmten Zeit zurückkehren würde. Niemals hätte ich gedacht, dass der Weg durch den Park, den ich auf meiner Heimkehr zuvor sehr oft genommen hatte, ein Problem darstellen würde. Ich meine, was ist der

Unterschied zwischen zwanzig und fünfundvierzig Minuten? In seinem Kopf löste jedoch jede weitere Minute, die verging, ein Gefühl der Panik aus, das immer stärker wurde.

Ich war seiner Wut zunächst mit Defensive und Empörung begegnet, dann legte er den Hebel um und appellierte an meinen Beschützerinstinkt. Er war das Opfer und ich hatte ihn dazu gebracht, dass er nun weinte und sich verletzt fühlte, und ich musste es wiedergutmachen. Dieses Manipulationsmuster beschleunigte sich in kürzester Zeit. Die Flitterwochen waren vorbei, der Albtraum hatte begonnen.

Sitzt du jetzt da und fragst dich, wo euer perfekter Anfang schiefgelaufen ist? Ich kenne mich damit aus. Lange Zeit dachte ich, ich sei verrückt, ich übertreibe und bilde mir Dinge ein. Er förderte diese Unsicherheiten. Das ist die Kunst der Manipulation. Das sog. „Gaslighting" beginnt in dieser Art von Beziehungen ziemlich früh und verändert die Dynamik, bevor du weißt, wie dir geschieht.

Du musst die Zeichen erkennen, dass du in einer missbräuchlichen Beziehung mit einem Narzissten bist, damit du laufen kannst. Kapitel 2 – „Ist das normal? – Die ersten Anzeichen, dass etwas nicht stimmt" – beschreibt diese Zeichen. Was sind normale Reaktionen auf alltägliche Situationen, und was sind Verhaltensweisen, die du keineswegs tolerieren solltest? Wie setzt der Narzisst deine Emotionen gegen dich ein, um dich festzuhalten? Ich werde die Symptome missbräuchlichen Verhaltens mit Auflistungen und Beispielsituationen verdeutlichen. Ich werde auch demonstrieren, wie das manipulative Verhalten voranschreitet und wie du damit umgehen kannst. Wenn dein Partner ein Narzisst ist, wird er nicht auf Logik und Vernunft eingehen.

Irrationales Verhalten kann der erste richtige Hinweis sein, dass du es mit jemandem zu tun hast, der nicht wirklich dicht ist, aber kann das repariert werden? Der Narzisst wird dich davon überzeugen, dass sein Verhalten deine Schuld ist. Man könnte es auch „Anti-Love-Bombing“ nennen – nach genügend Wiederholungen wirst du überzeugt sein, dass er recht hat.

Eine Methode, wie der Narzisst dich davon überzeugt, dass *er* das Opfer ist und *du* das Problem hast, ist, dich verwundbar zu machen und dich zu verunsichern. In Kapitel 3 – „Es liegt nicht an dir, es liegt an ihm“ – werde ich über die Tricks und Psychospiele sprechen, die er spielen wird, um dich aus dem Gleichgewicht zu bringen. Dies ist der Zeitpunkt, an dem du entscheiden musst, ob du dich in einer Partnerschaft befindest, die es wert ist, fortgeführt zu werden, oder ob es Zeit ist, zu gehen.

Das Problem ist, dass die Gesellschaft einen Großteil der Verantwortung für das Gelingen einer Beziehung der Frau überträgt. Es ist dein Job, dafür zu sorgen, dass er sich sicher und geliebt fühlt. Das mag ein veraltetes Konzept sein, aber es ist nun mal eines, das immer noch in zahlreichen Kulturen verwurzelt ist und von den Medien bestärkt wird. Wir sind geborene Fürsorgerinnen und Betreuerinnen, und selbst die Unabhängigsten von uns übernehmen diese Rolle in ihren Beziehungen. Der Narzisst fördert diese Dynamik.

In meiner eigenen Beziehung war ich der Überzeugung, dass ich diejenige bin, die ihn retten könne. Er hatte eine sehr dysfunktionale Kindheit voller Missbrauch. Ich war naiv genug zu glauben, dass ich ihm helfen und ihn sogar in Ordnung bringen könne. Ich dachte, wenn ich ihm nur genügend Stabilität und bedingungslose Liebe geben würde, dann würde er sich sicherer fühlen und weniger Angst haben, dass ich ihn verlassen könnte. Das war eine Falle, und zwar eine, in die viele Frauen tappen. Mit deiner Vorstellung der „bedingungslosen Liebe“ gibst du dem Narzissten seine Freispruchkarte für schlechtes Benehmen.

Vergiss nie: Bedingungslose Liebe bedeutet nicht, dass du missbräuchliches, manipulatives Verhalten jemals tolerieren solltest. Du kannst ihn nicht retten und du kannst ihn nicht ändern. Das kann er nur selbst tun.

Das Problem ist, dass die meisten Narzissten nicht glauben, dass sie ein Problem haben. Es sind alle anderen. Er übernimmt keine Verantwortung für seine eigenen Gefühle oder sein eigenes Verhalten. Es gibt da kein Geben und Nehmen. Alles ist schwarz und weiß, und alle anderen sind gegen ihn. Wenn du ihm nicht zustimmst, dann musst du auch gegen ihn sein.

Auf diese Weise setzen Narzissten deine Emotionen gegen dich ein, insbesondere wenn du ein Empath bist. In Kapitel 3 werde ich die Dynamik dieser spezifischen Kombination aufgreifen und dir helfen, eine bessere Perspektive zu erlangen. Sind die Anzeichen von Ärger echte Symptome eines tief greifenden Problems oder sind das die normalen Höhen und Tiefen, die alle Beziehungen durchlaufen, nachdem sich der Wirbel gelegt hat und die Flitterwochen vorbei sind?

Welche Eigenschaften und Charakterzüge ziehen einen Narzissten bei einem Partner an? Hast du so eine Ausstrahlung und merkst es einfach nicht? Damit will ich nicht sagen, dass du dich ändern sollst. Sei weiterhin du selbst. Allerdings solltest du auf der Hut sein vor Raubtier-Männern, die deine guten

Eigenschaften ausnutzen und gegen dich einsetzen. Vor allem solltest du wissen, *wie* sie dies tun.

Von außen sehen die anderen vielleicht ein perfektes Paar. Denke daran, der Narzisst trägt normalerweise eine Maske in der Öffentlichkeit. Er ist auch gut in Sachen Schuldzuweisung und er ist sehr proaktiv. Wenn er das Gefühl bekommt, dass du kurz davor bist zu gehen, wird er zu deinen Freunden und zu deiner Familie gehen, um Rat zu suchen. Dabei wird er sich immer als Opfer präsentieren, das hart daran arbeitet, die Beziehung aufrechtzuerhalten.

Der Unterschied zwischen gesundem und soziopathischem Verhalten liegt auf der Hand, das zeigen sämtliche Elemente der Verhaltens- und Beziehungsdynamik. Solltest du dich selbst oder deinen Partner in einer dieser Situationen wiedererkennen und/oder deutliche Symptome sehen, gibt es Schritte, die du unternehmen kannst, um das Ganze zu bewältigen oder von deinem toxischen Partner wegzukommen und stärker und weiser aus dieser destruktiven Beziehung hervorzugehen.

Das Leben ist voller Lektionen. Einige sind härter als andere, aber sie alle helfen uns, als Menschen zu wachsen. Fehler sind nur dann schlimm, wenn wir nicht aus ihnen lernen.

KAPITEL 1

ACHTUNG!

Es war einmal ...

Dies ist die traditionelle Anfangsformel vieler Märchen – und vieler Tragödien zugleich. Man könnte diese sprachliche Formel auch verwenden, wenn man aus einer gewissen zeitlichen Distanz auf sein Leben zurückblickt.

Wie würdest du diesen Satz beenden, wenn du auf dein Leben zurückblickst?

„Vor langer Zeit traf ich den Mann meiner Träume. Heute leben wir ein wunderschönes Leben."

„Vor langer Zeit hatte ich eine wunderbare Beziehung. Aber sie ging zu Ende, und wir haben uns als Freunde getrennt."

Oder vielleicht:

„Vor langer Zeit dachte ich, ich hätte meinen Seelenverwandten

getroffen. Aber die Beziehung wurde zu einem Albtraum. Ich bin völlig am Ende und weiß nicht mehr weiter."

Beim Dating ist es wie bei einer Anprobe: Wir „probieren" sie oder ihn an, um zu sehen, ob er oder sie „passt". Die meisten von uns beginnen eine Beziehung mit der Hoffnung, dass beide Partner daran wachsen und sich darin entwickeln werden; dass wir die Art von Liebe finden werden, die ein Leben lang hält. Fast alle unsere neuen Beziehungen beginnen mit einer Phase intensiver Gefühle von Euphorie und Spannung. Anfangs sind wir auch etwas nervös. Wir hoffen, dass sie oder er der bzw. die „Eine" sein wird.

Weißt du noch damals, als du frisch verliebt warst? Wie du dich schon bei dem bloßen Gedanken an ihn gefühlt hast? Während dieser ersten Phase der Verliebtheit haben wir den Eindruck, wir könnten nicht eine Sekunde lang von unserer neuen Liebe getrennt sein. In diesen Tagen zaubert jede Benachrichtigung von ihm, die auf deinem Handy erscheint, ein Lächeln auf dein Gesicht.

Möglicherweise „klebst" du sogar jede Minute an deinem Handy. Deine Freunde und Familienmitglieder bemerken, dass du viel Zeit damit verbringst, mit jemandem zu schreiben und zu reden. Eure Posts, Kommentare und Likes in sozialen Netzwerken scheinen ausschließlich füreinander bestimmt zu sein. Das sind die ersten aufregenden Tage der aufkeimenden Liebe, in denen sich alles um ihn dreht und umgekehrt.

Einige Menschen werden süchtig nach diesem Gefühl. Wenn es aufhört, glauben sie, dass es daran liege, dass sie die andere Person nicht mehr „lieben" würden. Nachdem die Flitterwochen vorbei sind, kehrt man zum ersten Mal wieder zur Alltagsroutine zurück. In den meisten gesunden Beziehungen wird man versuchen, eine gemeinsame Basis für diese neue Situation zu finden. Manche suchen nach jemand anderem, der diesen Funken der Verliebtheit wieder entfacht und ihr Gehirn mit Endorphinen überflutet. Es ist wie eine Drogensucht. Wenn die Droge keine Wirkung mehr hat, erhöht man die Dosis oder greift zu stärkeren Wirkstoffen.

Die typischen Phasen einer Liebesbeziehung

Es gibt keine zwei Liebespaare auf dieser Welt, die vollkommen identisch sind. Daher gibt es auch in Bezug auf den Verlauf einer Liebesbeziehung keine feste Abfolge, aber die meisten Partner durchlaufen die gleichen Phasen.

1. Die erste Phase ist die erste Begegnung/Anziehung. Es gibt etwas, was sowohl deine als auch seine Aufmerksamkeit erregt hat, wodurch die Beziehung überhaupt erst zustande kam. Wir verstecken uns alle hinter einer Maske, wenn wir versuchen, jemandem zu gefallen. Dabei begehen wir häufig einen Fehler, wenn wir zum ersten Mal jemand Neuen treffen. Wie oft warst du vor einem ersten Date nervös und hast gedacht: „Ich hoffe, er mag mich!“? Solltest du dich nicht vielmehr fragen, ob du ihn magst?

2. Die nächste Phase ist die Phase der Verliebtheit, die wir „Flitterwochen-Phase“ nennen. Während der Flitterwochen-Phase geht es beiden Partnern weniger darum, ob sie eine gemeinsame Zukunft haben, sondern vielmehr darum, einen positiven Eindruck zu hinterlassen. Wenn du dich zu der anderen Person hingezogen fühlst und möchtest, dass die aufkeimende Beziehung voranschreitet, ist es dir wichtiger, ihre

Bedürfnisse und Erwartungen zu erfüllen, als deine eigenen. Du bist nur darauf aus, ihn oder sie zu beeindrucken.

In diesem Stadium geht es mehr um das äußere Erscheinungsbild als um den Charakter der Person. Solange es keine gravierenden Fehler oder offensichtlich abstoßende Gewohnheiten sind, wie z. B. Rauchen oder Nägelkauen, werden jegliche kleineren Macken ignoriert oder ausgeblendet. Anfangs finden wir die Art und Weise, wie sie ihren Kopf zu ihrem Lieblingssong bewegt, oder ihr nervöses Grinsen vielleicht sogar niedlich. Diese Phase kann zwischen ein paar Wochen und mehreren Monaten dauern.

3. Die Phase der Aufklärung. In diesem Stadium lichtet sich der Nebel ein wenig und die Partner gehen entspannter miteinander um. Es kann auch der Moment der Desillusionierung sein, wenn Menschen ihr wahres Gesicht zeigen. Alles ist jetzt weniger prickelnd. Du empfindest die süßen Macken entweder als unerträglich oder du beschließt, dass du mit ihnen leben kannst. Grundlegende Unterschiede im Lebensstil sowie bezüglich zukünftiger Ziele oder Überzeugungen sind etwas schwieriger zu überwinden. Diese Phase dauert am längsten. Sie ist grundlegend dafür, wie wir uns letztendlich entscheiden. In dieser Zeit sollte man das Ganze langsam angehen. Ihr lernt euch nun auf einer tieferen Ebene kennen. Ihr lernt die Familien und engsten Freunde des anderen kennen und ihr entwickelt eine eigene Paardynamik. Diese Phase kann mehrere Jahre dauern.

Die anfängliche Spannung ist verflogen und ihr bewegt euch jetzt in Richtung Verlobung. Das ist die letzte Phase. Der typische Narzisst wird in dieser Phase versuchen, dich nach seinen Vorstellungen von der perfekten Partnerin zu formen.

Wenn du mit einem Narzissten zusammen bist, wirst du es nicht ohne viel Schmerz und Liebeskummer bis zur Verlobungsphase schaffen. Hoffen wir also, dass du dieses Buch liest, noch bevor das passiert!

Love-Bombing: Wahres Interesse oder Machtspiel?

Der Refrain eines alten Songs von Roxy Music lautet:

„Oh, fang dir diesen Kick ein

Liebe ist die Droge, an die ich ständig denke

Oh, kannst du nicht sehen

Liebe ist die Droge für mich..."

Laut Forschern der Loyola University Chicago passiert genau das mit unserem Gehirn, wenn wir uns verlieben. Dr. Pat Mumby, Professor am Institut für Psychiatrie und Verhaltensneurowissenschaften der Loyola University Chicago Stritch School of Medicine, hat es folgendermaßen formuliert:

„Dieses interne Elixier der Liebe ist dafür verantwortlich, dass unsere Wangen erröten, unsere Hände schwitzen und unsere Herzen rasen."

Die Liebe wirkt sich auf deinen Körper auf zweierlei Weise aus. Zuerst erlebt dein Gehirn Veränderungen in seiner chemischen Zusammensetzung. Das Belohnungssystem wird mit übermäßigem Dopamin überflutet, welches die gleiche Wohlfühl-Chemikalie ist, die zur Sucht führt. Gleichzeitig sinkt unser Serotoninspiegel. Diese Chemikalie reguliert die Impulssteuerung. Diese physikalischen Veränderungen in der Gehirnchemie können durch eine MRT-Untersuchung nachgewiesen werden.

Adrenalin und Noradrenalin werden ebenfalls ausgeschüttet, was zu Veränderungen unserer Pulsfrequenz und Atmung führt. Dieser hormonelle Cocktail vermischt sich mit der Euphorie der Wohlfühl-Chemikalien und sorgt dafür, dass unser Herz schneller schlägt, wenn wir in der Nähe einer Person sind, die wir begehren. Das Love-Bombing und die permanente Aufmerksamkeit, mit denen wir während der Liebeswerbung überschüttet werden, lösen körperliche Reaktionen aus und führen dazu, dass wir uns fast ausschließlich auf das Objekt unserer Zuneigung konzentrieren.

In einer normalen Beziehung sinken diese Endorphinwerte und das Verhalten normalisiert sich, sobald wir uns in eine Routine eingelebt haben und die Beziehung voranschreitet.

Die Gehirnchemie narzisstischer Individuen ist nicht normal. Gehirnuntersuchungen bei Männern mit einer narzisstischer Persönlichkeitsstörung (NPS) zeigen, dass diese weniger graue Substanz in derjenigen Gehirnregion haben, die mit Empathie und Gefühlsreaktionen verbunden ist. Sie sind in der Lage, normale Reaktionen auf die Gefühle anderer zu simulieren, allerdings nur äußerlich.

Narzissten sind immun gegen das berauschende Gefühl der Verliebtheit, genauso wie Drogenabhängige in der Regel eine sog. „Toleranz" gegenüber ihrer Droge entwickeln. Narzissten sind Liebespeiniger. Jedoch sind sie virtuos darin, die Symptome von Liebe vorzutäuschen und bei anderen die wahren körperlichen und emotionalen Veränderungen hervorzurufen, die echte Gefühle von Zuneigung und Begehren auslösen. Dies tun sie, indem sie ihr gewünschtes Opfer durch Love-Bombing intensiv umwerben und es mit Geschenken und Zuneigung überschütten.

Love-Bombing deutet nicht zwangsläufig auf eine co-abhängige Beziehung hin. Wenn man jemanden umwirbt, ist es durchaus üblich, zahlreiche Liebesbriefe zu schicken, ihm oder ihr Komplimente zu machen und dem anderen all seine Aufmerksamkeit zu schenken. Auf diese Weise versuchen normale Menschen, jemanden, der ihnen wichtig ist, zum Lächeln zu bringen. Für einen Narzissten aber ist es Mittel zum Zweck.

Sein Gewinn liegt darin, deinen Verstand und deine Emotionen zu kontrollieren. Er arbeitet auf Hochtouren, um deine Aufmerksamkeit ausschließlich auf ihn zu lenken und sie festzuhalten. Halte einmal kurz inne und denke über das soeben Gelesene nach. Vielleicht wirst du seine Spielchen nun durchschauen.

Eine übliche Methode ist die sogenannte „Spiegelung". Er nimmt dein Verhalten an und spiegelt es wider. Er tut so, als würde er dich auf einer tieferen Ebene verstehen, und zwar besser als jeder andere zuvor, und er sagt dir, dass du die Einzige bist, die ihn versteht. Noch nie habe er sich bei jemandem so gefühlt wie bei dir. Er überrollt dich wie ein Güterzug, um sicherzustellen, dass du – im wahrsten Sinne des Wortes – überwältigt wirst.

Während er dich dazu bringt, dich unglaublich zu fühlen, wird er gleichzeitig mit deinen tiefsten Ängsten spielen – eine weitere Methode, um dich aus dem Gleichgewicht zu bringen. Er wird bezüglich seiner bisherigen Beziehungen lügen und die andere Person als den Bösewicht darstellen. Nachdem er dir von seinem vergangenen Herzschmerz und von den Treuebrüchen erzählt hat, die ihm angetan wurden, wirst du entschlossen sein, ihm niemals so etwas anzutun. Du wirst ihn heilen und ihm zeigen, was bedingungslose Liebe wirklich ist.

Sobald er dich am Haken hat, wird sich die Dynamik ändern.

Wenn es anfängt, brenzlig zu werden

Als ich begann, mit meinem narzisstischen Partner auszugehen, präsentierte er sich als der perfekte Mann. Ich war kein Dating-Anfänger. Ich hatte bereits mit verschiedenen Männer-Versionen Dates gehabt, von Mr. Grabschhände über Mr. Ich-bin-ein-so-schüchterner-Typ, dem man jedes Wort aus der Nase ziehen musste, bis hin zu ein paar überaus netten Jungs, die aber einfach nicht diesen gewissen Nervenkitzel bei mir ausgelöst hatten.

Er war „anders" (das waren übrigens seine eigenen Worte) und er zeigte es mit Freundlichkeit, Höflichkeit und Aufmerksamkeit. Viel Aufmerksamkeit! Bei unserem ersten Date kam er zu meiner Tür, statt in seinem Auto zu sitzen und zu hupen. Er hielt mir die Autotür auf. Er gab mir einen Gutenachtkuss – einen schönen Kuss ohne grabschende Hände – und er beließ es dabei.

Es knisterte, und wie! Als ich nach Hause kam und meine Jacke auszog, sah ich, dass er mir noch von der Einfahrt meines Hauses aus geschrieben hatte. Er rief mich an, als er heimkam, und wir redeten fast die ganze Nacht. Als ich dann aufwachte, erwartete mich bereits eine Nachricht: „Guten Morgen, du Hübsche", hatte er geschrieben und eine ganze Reihe von Emojis, Herzen, Blumen, Zwinkern etc. hinzugefügt.

Das war der Beginn eines Wirbelsturms, der meinen Kopf nach ein paar Wochen zum Trudeln brachte. Er hat nicht versucht, irgendetwas weiter zu treiben, als mir lieb war, aber wir haben jede Minute unserer Freizeit zusammen verbracht. Tatsächlich ging er die körperliche Ebene des Ganzen so langsam an, dass ich anfing, sein Interesse infrage zu stellen. Ich fragte mich, ob er sich eigentlich wirklich zu mir hingezogen fühle oder ob ich mich in der Freundschaftszone befinde.

Als ich den Mut hatte, das Thema anzusprechen, sagte er mir, dass er sich wirklich für mich interessiere, aber das Ganze erst dann weiter ausbauen wolle, bis er sich sicher sei, dass er mich liebe. Das hat etwa zwei weitere Dates gebraucht. Bald darauf kam er mit zu meiner Familie und fing an, Geschenke für meine Eltern und meine kleine Schwester mitzubringen. Er war in jeder Hinsicht Mr. Aufmerksam.

Was er tat, war, mich zu „präparieren". Auch meine Familie präparierte er. Ich erinnere mich noch daran, ihm schon früh gesagt zu haben, dass ich genug von Männern hätte, die nur Sex wollten oder die zu aufdringlich und aggressiv seien. Indem er das genaue Gegenteil von den meisten Typen simulierte, die ich bisher gewohnt gewesen war, brachte er mich dazu, zu glauben, dass er anders sei. Das war er, aber nicht in einer positiven Art und Weise. Das war ein manipulatives Spiel, das erste von vielen.

Wenn irgendetwas nicht ganz und gar dem Konzept „Team wir" entsprach, kam das seiner Überzeugung nach entweder von jemandem, der eifersüchtig war, oder von jemandem, der mich nicht mochte. Ein paar seiner Ex-Freundinnen versuchten, mich vor ihm zu warnen, aber er meinte, das liege nur daran, dass sie noch in ihn verliebt seien und ihn zurückwollten. Seine Schwester versuchte ebenfalls, mich zu warnen. Er sagte mir, dass sie mich nicht möge und der Ansicht sei, dass ich nicht gut genug für ihn sei. Das diente gleich zwei Zwecken: Ich nahm alles Negative, das ich über ihn hörte, nicht ernst, und ich fühlte mich in der Nähe seiner Familie und Freunde unsicher.

Dadurch, dass er mich aus dem Gleichgewicht gebracht hatte, dass er mich derart unsicher und misstrauisch gemacht hatte, hat er mich auf die Co-Abhängigkeit vorbereitet. Er isolierte mich auch langsam von anderen Menschen.

Narzissten arrangieren das so. Sie integrieren sich in deine sozialen und familiären Kreise. Sie mögen es auch, wenn es schnell ernst wird, sie fegen dich von deinen Füßen und machen dich wie einen Drogenabhängigen süchtig nach diesen Wohlfühl-Endorphinen. Eventuell schlagen sie auch vor, mit dir zusammenzuziehen oder zu heiraten, wenn sie dich nach ein paar Wochen vor lauter Love-Bombing überwältigt haben. Sobald sie das Vertrauen deiner Familie gewonnen haben, werden Narzissten Konflikte zwischen dir und den Menschen, die dir am nächsten stehen, verursachen, indem sie dich dazu bringen, ihnen zu misstrauen, oder indem sie ihr Vertrauen gewinnen und sie zu ihren Verbündeten machen, um dich zu attackieren. Zum Beispiel, wenn sich deine Mutter über dich beschwert oder dein Vater darüber scherzt, dass du immer zu spät kommst, dann wird er so etwas sagen wie: „Und ich dachte, ich wäre der Einzige, dem das auffällt." Welche Karte er ausspielen wird, hängt von der Familiendynamik ab.

Ich kam aus einer sehr warmherzigen, liebevollen Familie, also mussten sie weg von der Bildfläche.

Er schenkte meiner Schwester besondere Aufmerksamkeit und machte ihr kleine Geschenke, um uns dann auf eine Art und Weise zu vergleichen, durch die ich mich minderwertig fühlte. Ein Beispiel: Mein Vater kaufte meiner Schwester zu ihrem 16. Geburtstag ein Auto. Er fragte, was für ein Auto meine Eltern mir zu meinem 16. Geburtstag geschenkt hatten. Ich sagte ihm, dass sie es sich damals nicht leisten konnten. Dieses kleine bisschen Neid, das er bei mir für einen kurzen Augenblick aufflammen sah, machte er sich zunutze, um ihn bei jeder Gelegenheit zu füttern.

Eines Abends besuchte er mich im Haus meiner Eltern, als wir bei ihnen zum Abendessen eingeladen waren. Er hatte einen kleinen Plüschbären dabei, der ein Herz hielt. Ich dachte, er wäre für mich. Ich meinte, wie niedlich er sei und wie süß das von ihm sei. Mit finsterem Blick sagte er: „Plüschtiere sind was für Kinder. Bist du ein Kind?" Dann ging er direkt an mir vorbei und gab ihn meiner Schwester. Er machte oft Bemerkungen, die darauf hindeuteten, dass meine Familie meine Schwester favorisiere und sie besser behandele.

Manipulative, narzisstische Männer verstehen es sehr gut, die Emotionen ihrer Opfer zu lesen und eine Fassade aufzubauen, die so konstruiert ist, dass sie genau die Reaktion bekommen, die sie bekommen wollen. Narzissten wollen dich nur für sich allein haben, in einer Welt, die sich ausschließlich um sie und ihre kindlichen Bedürfnisse dreht.

Während sie sich immer mehr auf dich und deine Familie einlassen, um zu ihrem Ziel zu gelangen, halten sie ihre eigenen Freunde und Familie auf Distanz. Das ist zum Teil ein Grund für das schnelle Tempo. Sie bauen eine Fassade auf und wollen dich süchtig machen, bevor du herausfindest, dass diese

Fassade ein Lügengebilde ist. Wenn du ihrer Familie zu nahe kommst, könntest du möglicherweise ein paar unschöne Entdeckungen machen. Genau deshalb sagte er mir, dass seine Schwester mich nicht möge – damit ich es nie wagen würde, mich ihr anzuvertrauen oder auf ihre Warnungen zu hören.

Ziehst du Narzissten an, ohne es überhaupt zu merken?

Narzissten suchen bei der Auswahl ihrer Opfer nach bestimmten Charaktereigenschaften, die den Durst dieser emotionalen Vampire stillen.

Nach welchen Eigenschaften suchen sie?

Narzissten entscheiden sich oft für Frauen, die all die Qualitäten besitzen, die ihnen fehlen. Nach außen hin wirken sie selbstbewusst, fast schon arrogant. Sie können sogar Überflieger sein. Aber im Inneren haben sie eine emotionale Leere. Sie sind unsicher und bedürftig, und sie verfügen nicht über die Fähigkeit, Empathie oder Mitgefühl zu empfinden. Also suchen sie nach Frauen, die genau diese Eigenschaften zu haben scheinen.

Die fünf Charaktereigenschaften, die narzisstische Männer anziehen, sind:

1. Intelligenz. Sie suchen oft intelligente Frauen, die sich ihrer Karriere oder ihrem Studium widmen.

2. Zuverlässigkeit und ein ausgeprägtes Verantwortungsbewusstsein. Hast du eine starke Arbeitsmoral und ein ausgeprägtes Verantwortungsbewusstsein? Bist du die Art von Person, die immer dafür sorgt, dass die Arbeit erledigt und die

Rechnungen pünktlich bezahlt werden? Falls du eine Studentin bist: Bist du gewissenhaft, wenn es um Schulaufgaben und Fristen geht?

3. Perfektionisten. Wenn du die Art von Person bist, die sehr hohe Ansprüche an sich selbst stellt, könntest du auch die Art von Frau sein, die ausnahmslos alles in eine Beziehung investiert. Möglicherweise hast du das Gefühl, dass die gesamten Verantwortung für die Aufrechterhaltung der Beziehung bei dir liegt.

4. Teamplayer, die immer alles in ihrer Macht Stehende tun, um anderen zu helfen. Das sind die Frauen, die immer bereit sind, einzuspringen und eine helfende Hand zu reichen, und die stets ein offenes Ohr haben, wann immer ein Freund, Klassenkamerad oder Arbeitskollege sie braucht. Menschen mit dieser Tendenz neigen auch dazu, es allen immer recht machen zu wollen.

5. Innerlich verunsicherte oder emotional bedürftige Frauen. Du wirst alles tun, um das zu sein, was dein Partner braucht, denn tief im Inneren hast du das Gefühl, dass du in irgendeiner Weise nicht gut genug bist. Einige der äußerlich selbstbewusstesten Menschen auf der Welt haben verborgene Unsicherheiten.

Es scheint, dass einige dieser Eigenschaften einander widersprechen. Man könnte meinen, dass Frauen, die Beziehungen zu narzisstischen Männern eingehen, ein geringes Selbstwertgefühl haben müssen oder keine persönlichen und/oder beruflichen Errungenschaften aufweisen. Häufig sind es jedoch gerade erfolgreiche, fleißige und verantwortungsbewusste Frauen, die es trifft, weil sie das Gefühl haben, dass sie noch einen Schritt weiter gehen müssen, um erfolgreich zu sein. Sie neigen dazu, sich emotional um andere zu kümmern und andere seelisch zu unterstützen.

Vergiss nie, dass eine Beziehung zu einem narzisstischen Mann nicht deine Schuld ist, unabhängig von deinem Persönlichkeitstyp oder von deiner Dating-Erfahrung.

Narzisstische Männer sind sehr gut darin, diese Eigenschaften bei ihren Opfern zu wittern. Sie versetzen ihnen den Todesstoß, bevor die meisten Frauen überhaupt merken, was ihnen geschieht. Sie binden dich so eng wie möglich an sich, weil sie Angst haben, dass du, wenn du für eine Sekunde zurücktrittst, sehen wirst, wie sie wirklich sind.

Narzisst und Empath – ein Albtraumpaar

Einer der häufigsten Persönlichkeitstypen, der mit Narzissten in Verbindung kommt, ist der Empath. Diese Kombination ist oft das klassische Modell einer co-abhängigen, dysfunktionalen Beziehung. Um die Gründe zu verstehen, muss man erst einmal die Denkweise beider Seiten verstehen.

Ich habe bereits erwähnt, dass narzisstische Peiniger nach Partnern suchen, die Attribute aufweisen, die ihnen selbst fehlen. Es versteht sich von selbst, dass eine narzisstische Person, die nicht in der Lage ist, Empathie zu empfinden, jemanden suchen und missbrauchen wird, der ein hohes empathisches Verhalten aufzeigt und sehr emotional ist.

Empathen sind die ultimativen Geber, und Narzissten sind die ultimativen Nehmer. Am Anfang wird es so aussehen, als wäre er der Mann deiner Träume, der deine Bedürfnisse und Präferenzen erlernt und auf sie eingeht. Er wird sogar so weit gehen, so zu tun, als hätte er die gleichen Interessen und Vorlieben wie du. Was als vermeintliche Liebesbeziehung beginnt, ist in Wirklichkeit das, was in psychologischen Kreisen als Ego-Dynamik bekannt ist.

Die Ego-Dynamik ist wie das Zusammensetzen von zwei Teilen eines Puzzles. Das Markenzeichen des Narzissmus ist egozentrisches, selbstsüchtiges Verhalten. Empathen handeln aus Liebe und Hilfsbereitschaft. Sie sind hochsensible Menschen, die in der Lage sind, die Emotionen und Gefühle anderer wahrzunehmen und aufzugreifen. Wenn sie überhaupt jemals in einen egozentrischen Zustand geraten, dann aus Wut, weil sie Unrecht oder Ungerechtigkeit bezeugt oder erlebt haben. Diese Worte kommen nicht im Vokabular des Narzissten vor, es sei denn, sie beziehen sich darauf, dass sich jemand ihnen gegenüber unfair verhalten habe. Narzisstische Männer und Narzissten im Allgemeinen haben einen Verfolgungswahn. Empathen kämpfen gegen die Unterdrückung anderer.

Da empathische Personen im Grunde genommen Friedensstifter sind, werden sie alles daransetzen, den Frieden um jeden Preis zu erhalten. Dies ist genau das, was der Narzisst braucht, um sich vom emotionalen Missbrauch seiner Opfer zu ernähren. Es ist der Treibstoff für seine psychotischen Bedürfnisse und führt dazu, dass sich der Empath ausgelaugt und depressiv fühlt.

Das Leben mit einem Narzissten wird schnell frustrierend und emotional erschöpfend. Möglicherweise beginnst du, erste Anzeichen wie passiv-aggressive Feindseligkeit, Gaslighting und andere Formen emotionalen Missbrauchs zu bemerken.

Sie sind jedoch so subtil, dass du zuerst denken wirst, du würdest es dir nur einbilden. Diese Unsicherheit wird durch sein Verhalten verstärkt; er könnte dir sogar vorwerfen, wahnhaft oder selbst ein Narzisst zu sein.

Brauchst du ein paar Beispiele?

- Einmal bat er mich, bei seiner Arbeit anzurufen und zu sagen, dass er krank wäre. Als ich es nicht tun wollte, beschuldigte er mich: 1) Ich wolle, dass er seinen Job verliert. 2) Ich wolle nicht den Tag mit ihm verbringen. 3) Ich wolle ihn für den ganzen Tag weghaben, weil ich etwas im Schilde führen würde.

- Er flirtete offen mit anderen Frauen und blieb in engem Kontakt mit seiner Ex, die offensichtlich noch Gefühle für ihn hatte. Als ich ihm sagte, dass es mich stört, bezeichnete er mich als unreif und unsicher. Wenn ich hingegen irgendeinen Mann, und sei es nur ein Verwandter, anlächelte, wurde ich beschuldigt, fremdzugehen oder fremdgehen zu wollen.

Nicht alle Männer, die emotional unreif sind, sind auch Narzissten. Hat deine bessere Hälfte narzisstische Charakterzüge? Gibt es überhaupt Hoffnung, wenn man mit einem solchen Mann zusammen ist? Ich hoffe, dass ich dich davor bewahren kann, es auf die harte Tour herauszufinden, wie es bei mir der Fall war.

KAPITEL 2

IST DAS NORMAL? – DIE ERSTEN ANZEICHEN, DASS ETWAS NICHT STIMMT

Allein in einer Ecke stehend, wusste ich, dass ich auf dieser ziemlich abgefahrenen Party wirklich fehl am Platz war. Wir waren schon seit einer Stunde dort, und Michael stand an der provisorischen Bar und scherzte mit seinen Kumpels. Er hatte mich nicht einmal einem von ihnen vorgestellt. Wir waren zusammen gekommen, Hand in Hand. Kaum hatten sie uns erblickt, liefen sie auf ihn zu. Er ließ meine Hand los, um seinem Kumpel einen Faustcheck zu geben, und irgendwann stand ich plötzlich allein da.

„Soll ich ihm hinterherlaufen?", fragte ich mich. Ich wollte nicht bedürftig oder sozial inkompetent wirken. Ich konnte die Blicke spüren, sowohl von Männern als auch von Frauen. Wahrscheinlich fragten sich die Leute, wer ich war. Ich kannte dort niemanden außer Michael. Ein paar Minuten später sah ich Josh, mit dem ich zusammen in der Schule gewesen war, am anderen Ende des Raumes stehen. Er winkte. Ich grinste nervös und winkte zurück. Er kam rüber, um mit mir zu reden, und ich war erleichtert. Zumindest hatte ich jetzt jemanden, mit dem ich reden konnte.

Inmitten unseres Small Talks beschloss mein Freund, sich daran zu erinnern, dass ich ja auch noch da war. Michael bewegte sich rasch auf uns zu und stellte sich mit geschwellter Brust zwischen Josh und mich. Es schien ihm nicht im Geringsten etwas auszumachen, laut vor Josh an mich gerichtet zu sagen: „Dich kann man nicht mal für zwei Minuten allein lassen, ohne dass du irgendeinen anderen Kerl anbaggerst."

Zuerst dachte ich, er wolle mich necken, aber Michaels wütender Gesichtsausdruck sprach eine andere Sprache. Ich stotterte irritiert und überlegte, wie ich die Situation entspannen könnte.

„Das ist Josh. Wir waren zusammen auf der Schule." Weiter kam ich nicht. Er schaute mich mit einem Blick an, den ich noch nie an ihm gesehen hatte, so als wäre er von mir angewidert, und meinte: „Warum bist du denn so nervös? Du bist manchmal so seltsam." Dann drehte er sich zu Josh um und sagte: „War sie schon immer so exzentrisch?" Ich war sprachlos, ebenso wie mein alter Freund.

Ist das normal?

Möglicherweise fragst du dich dasselbe, während du überlegst, an welchem Punkt euer scheinbar perfekter Anfang schiefgelaufen ist. Ich kenne mich damit aus. Lange Zeit dachte ich, ich sei verrückt, würde übertreiben, mir Dinge einbilden.

Es ist schon erschreckend, wie schnell sich das Ganze von einer vermeintlich idealen Beziehung zu einer Situation entwickeln kann, in der man das Gefühl hat, man sei in einer verkehrten Welt. Während meiner Schulzeit hatte ich mich gelegentlich mit einem Jungen verabredet; auch hatte ich ein paar feste Freunde gehabt, aber das hier war meine erste echte „erwachsene" Beziehung. Ich hatte nichts, womit ich das, was hier vor sich ging, vergleichen konnte, oder wie ich anders damit hätte umgehen können. Ich war verwirrt. Sollte ich mich wegen seiner Eifersucht geschmeichelt fühlen oder wütend sein?

Zu Beginn einer solchen Beziehung fühlen sich Auseinandersetzungen eher wie simple Missverständnisse an. Aber sie sind so konzipiert, dass sie dein Selbstvertrauen erschüttern, dich verwirren und durcheinanderbringen sollen. Was auch immer du sagst, wird verdreht, und du fängst an, übertrieben viel zu erklären oder dich dafür zu rechtfertigen, dass du dich wie ein normaler erwachsener Mensch verhältst.

Zum Beispiel könnte er plötzlich anfangen, Telefonate in einem anderen Raum zu führen – ein Akt, der dazu bestimmt ist, dich misstrauisch zu machen. Wenn du dann fragst, warum er plötzlich so geheimnisvoll ist, wird er dich beschuldigen, irrational, unsicher und eifersüchtig zu sein. *Er wird gezielt eine bestimmte Reaktion bei dir hervorrufen und dich dann dafür bestrafen, sobald du auf den Köder hereinfällst.* Der Haken ist: Solltest du *nicht* mit Eifersucht reagieren, wird er dir vorwerfen, ihn nicht genug zu lieben.

Das ist eine radikale Kehrtwende im Vergleich zu dem, wie die Beziehung am Anfang war. Das Leben ist kuschelig in der Liebesblase, in der du das Gefühl hast, dass nur ihr beide existiert. Du wirst zu seiner Vertrauensperson und schenkst ihm dein Mitgefühl für alles und jeden, der ihn in der Vergangenheit verletzt hat. Du wirst es wieder in Ordnung bringen. Du wirst ihn heilen und ermutigen. Er wird dich dazu bringen zu glauben, dass solange ihr zusammen seid, die Zukunft rosig sein wird.

Beziehungen zu narzisstischen Männern beginnen in einer Liebesblase und enden in einer anderen Blase – einer toxischen, in der man sich von anderen Menschen isoliert fühlt.

Männer, die glauben, dass sich die ganze Welt um sie dreht, manövrieren dich langsam, aber stetig in ihren Orbit. Du wirst wahrscheinlich nicht das einzige Objekt darin sein – *denn diese Männer sehen andere Menschen als Objekte.* Mit der Zeit wirst du merken, dass alles um ihn herum um seine zahlreichen Probleme kreist, während alles andere ausgeblendet wird.

Ich erinnere mich an einen Vorfall in der frühen Phase unserer Beziehung. Michael kam nach der Arbeit vorbei. Er sah erschöpft und aufgebracht aus und wollte nur in meine Arme genommen werden. Er erzählte mir, dass jemand an seinem Arbeitsplatz ihn sabotiert habe. Er habe so hart gearbeitet, und jetzt wurde er wegen der Hinterhältigkeit seines Mitarbeiters nicht befördert. Ich hielt ihn fest und gab ihm die ermutigenden Worte, die er brauchte, um sich wieder zu beruhigen. Er sagte mir, dass er nicht wüsste, was er ohne mich tun würde, dass er sich noch nie zuvor bei jemandem so sicher gefühlt habe – bei seiner Ex ganz sicher nicht. Er habe das Gefühl, dass er mir alles erzählen könnte.

Diese Kombination von Verwundbarkeit und Vertrauen ist eine Falle. Sie zielt darauf ab, Frauen zu präparieren und ihnen das Gefühl zu geben, unersetzlich zu sein. Aber er würde es dir übel nehmen, dass du ihn so siehst. Narzissten müssen der Welt zeigen, dass sie alles unter Kontrolle haben. Wenn nicht, dann ist jemand anderes schuld daran, oder es liegt an irgendeinem externen Einfluss. Nichts liegt jemals in ihrer Verantwortung. Irgendwann wird er sich dir nicht mehr anvertrauen, sondern dir die Schuld für seine „Misserfolge" geben.

Ihr wart zu spät zum Abendessen bei seinen Eltern? Das liegt daran, dass du zu lange gebraucht hast, um dich fertig zu machen. Er hat den Job nicht bekommen? Das liegt daran, dass sein ehemaliger Chef ihm keine gute Empfehlung gegeben hat oder dass der Leiter des Bewerbungsgesprächs arrogant war. Nichts passiert jemals wegen seines Verhaltens oder seiner Handlungen. Es liegt immer an anderen.

Vielleicht hat dein Partner in der Vergangenheit mehrere Beziehungen gehabt, die schlecht ausgegangen sind, oder er hat im vergangenen Jahr an fünf verschiedenen Stellen gearbeitet. Die Partnerin kann durchaus dafür verantwortlich sein, dass eine Trennung böse ausging. Man kann aus dubiosen Gründen einen Job verlieren. Aber wenn es jeder Job und jede Beziehung ist, fängst du langsam an, dich zu fragen, ob das Problem vielleicht er und nicht jeder andere Mensch ist, dem er begegnet ist.

Wir alle erleiden Rückschläge und machen schlechte Beziehungserfahrungen. Seine Vergangenheit ist jedoch voll davon. Wahrscheinlich hattest du am Anfang Mitleid, aber später hast du dich gefragt, wie so viele schlimme Dinge einer einzelnen Person passieren können.

Ist plötzlich nicht mehr die Außenwelt der Sündenbock, sondern du? Das passiert wenn die Liebesblase platzt.

Die Psychotherapeutin Dr. Elinor Greenberg hat eine Zeitlinie entwickelt, die den Verlauf einer Beziehung zu einem Narzissten darstellt. Sie bezeichnet sie als „das narzisstische Liebesskript“. Mittels vieler Begegnungen und Gespräche mit Dutzenden von Frauen entdeckte sie ein Verhaltensmuster, das sich phasenweise entwickelt.

In diesem narzisstischen Zyklus wird jede Phase sehr schnell durchlaufen. Es gibt zwei Möglichkeiten, wie ein solcher Zyklus endet: Entweder du wirst von einem emotionalen Wirbelsturm mitgerissen, der innerhalb weniger Wochen ausklingt und dich darüber nachdenken lässt, was mit dir passiert ist, oder es kann sich über Jahre hinaus fortsetzen. Der Zyklus kann sogar innerhalb derselben Beziehung wiederholt werden. Das sind diese On-off-Beziehungen, in denen die Partner konstant Trennungen und Versöhnungen erleben, bis du geistig kaputt bist oder einer von euch die Beziehung für immer beendet.

Wie es verläuft und wie lange es dauert, hängt von deiner Schmerztoleranz und der Tarnfähigkeit ab, mit der deine Emotionen verzerrt werden.

Es beginnt mit der Liebeswerbung. Das ist die Flitterwochen-Phase, die fast alle Beziehungen durchlaufen. Da zieht er dich in seinen Bann, indem er dich mit Aufmerksamkeit überschüttet und dich davon überzeugt, dass du seine Seelenverwandte bist. Einige Männer sind nur Player und du bist nur Teil des Spiels. Aber die meisten narzisstischen Männer glauben ernsthaft an die Lügen, die sie sich selbst und anderen erzählen.

Die Liebeswerbung erfolgt normalerweise sehr schnell, weil dieser Mann eine idealisierte Version seiner perfekten Frau hat, und er ist überzeugt, dass du in die von ihm kreierte Form passt. Narzissten tun dies auch mit Jobs und anderen wichtigen Dingen des Lebens. Da er glaubt, dass er perfekt ist und alles Gute verdient, ist er sich sicher, dass jeder andere Aspekt seines Lebens mit diesem Bild in seinem Kopf übereinstimmt. Das gilt auch für die Person, die er als Partnerin wählt.

Aber das Leben ist nicht perfekt und die Menschen auch nicht.

Hier kommen seine Überredungskünste ins Spiel. Es ist unmöglich für dich, seinen strikten Standards zu entsprechen, schon gar nicht wenn du sie nicht kennst. Davon abgesehen basieren sie bei Weitem nicht auf irgendeiner Art von Realität. So könnte er z. B. anfangen, deinen Kleidungs- oder Musikgeschmack auszusondern, oder er könnte beleidigt sein, weil ihr nicht den Film gesehen habt, den er sehen wollte, oder weil du auf das Buch, das er dir empfohlen hat, nicht so reagiert hast, wie er es erwartet hat. Irgendwie merkt deine bessere Hälfte, dass du deinen Teil der Abmachung nicht einhältst. Natürlich kannst du das nicht, weil du in erster Linie nicht einmal an der Erstellung dieses Bildes beteiligt warst.

In einer gesunden Beziehung dürfen die Partner unterschiedliche Vorlieben und Meinungen haben, ohne dass dies zu einem Konflikt führt. Keine zwei Menschen können immer einer Meinung sein. Der Narzisst betrachtet das jedoch als persönlichen Affront. Wie kannst du es wagen, vom Skript abzuweichen!

Während der Überredungsphase hofft er immer noch, dass du dich mit ausreichender Motivation ändern und zu dem werden wirst, wofür er dich hielt. Hier beginnt der emotionale Missbrauch, aber er wird ihn unter dem Motto „Ich versuche nur zu helfen“ verstecken. Möglicherweise wirst du auf seine Vorschläge oder Hinweise zunächst positiv reagieren, oder aber du wirst rebellieren.

Wie du in dieser Zeit reagieren wirst, wird darüber entscheiden, ob der Funke schnell erlischt und er zum nächsten Opfer übergehen wird oder ob du in die Anfangsphasen eines Zyklus narzisstischen Missbrauchs gleiten wirst. Die meisten Frauen werden versuchen, das Ganze in den Griff zu bekommen, vor allem wenn sie die menschenfreundlichen und empathischen Charaktereigenschaften besitzen, die Narzissten anlocken.

Wenn du zu diesem Zeitpunkt noch an Bord bist, ist die nächste Phase die Entwertung. Du wirst langsam unsicher. Du zweifelst an allem. Die Menschen, die dir am nächsten stehen, wissen nicht einmal mehr, wer du bist. Du weißt es auch nicht. Das ist das Resultat der Entwertung.

Da der Narzisst ein geringes Selbstwertgefühl hat, betrachtet er jede Abweichung vom Skript als persönliche Zurückweisung. Allerdings ist er nach außen hin eitel und absolut sicher, dass seine Meinung die richtige ist. Die Illusion der Perfektion muss aufrechterhalten werden, und er kann und will die Ansichten anderer nicht nachvollziehen oder verstehen. Deshalb muss die andere Meinung entwertet werden. Sobald etwas oder jemand in den Augen eines Narzissten entwertet ist, kann es nicht mehr geliebt oder geschätzt werden.

Das liegt daran, dass es Narzissten an einer Eigenschaft fehlt, die als Objektkonstanz bezeichnet wird. Das ist ein Begriff, demzufolge man jemanden auch dann immer noch lieben kann, wenn man wütend auf ihn oder nicht mit ihm einverstanden ist. Dem Narzissten fehlt die Fähigkeit, Wut und

Liebe voneinander zu trennen. Alles, was passiert, strahlt direkt auf ihn zurück und beeinflusst sein Selbstwertgefühl. Alles, was sein Selbstwertgefühl beeinträchtigt oder entwertet, muss im Gegenzug entwertet werden. Wenn du einen seiner Vorschläge nicht magst, liegt das daran, dass du dumm bist oder keinen Geschmack hast. Wenn du nicht umgeformt oder überredet werden willst, suchst du einen Streit mit ihm. Wenn er sagt, dass ihm deine Frisur so gefällt und du sie trotzdem anders stylst, dann liegt das daran, dass es dir egal ist, wie er sich fühlt.

Außenstehende, die keine missbräuchliche Beziehung erlebt haben, fragen sich, warum Frauen bleiben. Ich war einmal einer dieser Menschen. Ich konnte zuvor nicht verstehen, warum sich manche Frauen so ein Verhalten gefallen ließen. Ich würde nie eine dieser Frauen sein, niemals.

Bis ich es wurde.

Wenn ein Mann dich oder deine Ansichten entwertet, beginnt er, dein Selbstwertgefühl Stück für Stück zu zerstören. Das passiert nicht über Nacht. Es beginnt mit einem kleinen „Vorschlag“ oder mit einer Kritik. Du möchtest aufgeschlossen und kooperativ sein, also sagst du: „Okay. Wir versuchen es auf deine Art.“ Du willst dich nicht wegen irgendeiner Kleinigkeit streiten oder wegen einer Frisur Schluss machen. Liebe ist wichtiger als solche Lappalien.

In den Anfangsphasen der Beziehung hast du noch Hoffnung, dass sich solche Dinge ebnen werden. Du wirst denken, dass ihr einfach nur nicht den besten Start hattet. Liebe ist blind, und nicht jeder kann die roten Warnsignale blinken sehen.

Das Problem ist, das hier ist keine Liebe. Deine Motive mögen rein sein, aber er befindet sich auf einer komplett anderen Ebene. Hier sind ein paar Anzeichen dafür, dass du möglicherweise in einer missbräuchlichen Beziehung mit einem Narzissten steckst.

Frühwarnsignale

In den ersten Phasen wirst du immer wieder kleine Lügen oder Widersprüchlichkeiten bemerken. Dabei könnte es um seine Errungenschaften gehen, über die du die Wahrheit erfährst, sobald du andere Menschen in seinem Leben kennenlernst. Oder du bist bei einem Event dabei und hörst, wie er jemand anderem etwas erzählt und dabei übertreibt.

Zum Beispiel wird er über all die Sporttrophäen sprechen, die er sich verdient hat, und es wird sich herausstellen, dass es die gleichen Teilnahmetrophäen sind, die alle anderen auch bekommen haben. Vielleicht hattet ihr einen kleinen Unfall, aber er wird die Story später aufblasen, damit er als Held dasteht. Am Anfang einer neuen Beziehung versuchen wir alle, ein positives Bild zu vermitteln oder uns im besten Licht zu präsentieren, aber das hier ist eine völlig neue Dimension der Täuschung, die in jeder seiner Wesenszüge präsent ist. Und solltest du oder jemand anderes versuchen, ihn deswegen zur Rede zu stellen, wird er sagen, dass er missverstanden oder angegriffen wurde.

Ein weiteres subtiles Indiz ist, wenn sich seine Komplimente wie passiv-aggressive Beleidigungen oder Pseudokomplimente anfühlen. Er wird lachen, wenn du dir den Kopf stößt, und dir sagen, wie niedlich es ist, dass du so tollpatschig bist. Solltest du deswegen beleidigt sein, dann liegt das daran, dass du zu empfindlich bist oder keinen Sinn für Humor hast. Unschuldige Kommentare werden von einem Grinsen oder von einer einschüchternden Körpersprache begleitet.

Diese Männer haben ein völlig überzogenes Selbstwertgefühl. Was bei eurer ersten Begegnung als Selbstbewusstsein rüberkam, scheint nun nervige Eitelkeit zu sein. Jeder oder alles, was dieses Bild negiert, wird mit Feindseligkeit, ja sogar mit Bosheit quittiert. Sie stehen auf Rache und sprechen für ihr Leben gern über Vergeltungsmaßnahmen. Dieses Verhalten steht häufig in engem Zusammenhang mit überzogenem Anspruchsdenken. Sie verurteilen andere, verübeln es aber, wenn sie das Gefühl haben, dass sie verurteilt oder unterschätzt werden. Und sie fühlen sich immer verurteilt oder unterschätzt.

Ist dir aufgefallen, dass er offenbar höhere Standards für andere hat als für sich selbst? Sind die Regeln, die er aufgestellt hat, ausschließlich für dich bestimmt, sodass er sie nicht befolgen muss? Das kann sich auf alles beziehen, von Pünktlichkeit bis Eifersucht. Er darf Freunde des anderen Geschlechts oder andere Interessen haben, regt sich aber über alles auf, was deine Aufmerksamkeit von ihm ablenkt.

Wenn du fünf Minuten zu spät zu ihm kommst, ist das ein Zeichen von Respektlosigkeit. Er wird dich oft ohne einen einzigen Anruf versetzen und sagen, dass du bedürftig bist, falls du dich beschwerst.

Narzissten können keine andere Perspektive als ihre eigene sehen. Dies kann sich in Form von Missachtung deiner verletzten Gefühle oder Kastendenken manifestieren. Sie haben kein Mitgefühl oder Mitleid mit anderen, sodass sie nicht verstehen, dass sie anderen Menschen mit ihren Worten und Taten Schmerz zufügen. Was auch immer jemand anderem passiert, ist ihnen auch passiert, aber noch viel schlimmer. Niemand hat es im Leben so schwer gehabt und ist dennoch so erfolgreich geworden wie sie. Ihre Selbstüberschätzung ist grenzenlos.

Im Laufe der Beziehung kommt es zu einer Eskalation des negativen, egozentrischen Verhaltens. Anfangs sind sie charmant und scheinen immer genau zu wissen, was sie tun oder sagen müssen. Dieses Verhalten entwickelt sich jedoch schnell zu einer Einstellung, die vermittelt, dass nur sie allein die Antworten kennen. Narzissten können eine Attitüde entwickeln, dass es entweder auf ihre Weise oder gar nicht läuft. Wenn dir das nicht gefällt, kannst du gehen. Oder sie werden dich einfach stehen lassen und weggehen. Das löst bei jedem Hilflosigkeit aus. Du stehst da und fühlst dich völlig überrumpelt. Natürlich willst du zu diesem Autorennen gehen. Was hast du dir dabei gedacht? Du siehst im blauen doch viel besser aus als in diesem roten Kleid. Warum hast du es überhaupt gekauft?

Sein Verhalten entfremdet dich auch den Menschen aus deinem Umfeld. Im Universum des Narzissten gibt es keinen Platz für Dissidenten, und jeder, der irgendetwas Negatives zu sagen hat, ist neidisch oder versucht, euch auseinanderzubringen. Andererseits wirst du ihn vor deinen Eltern, Geschwistern und deiner besten Freundin rechtfertigen. Je negativer sie ihm gegenüber werden, desto mehr wirst du ihn verteidigen und auf stur schalten. In Kürze wirst du feststellen, dass du von allen außer ihm isoliert bist.

Wenn eure Beziehung kritische Maße erreicht

Sobald das negative Verhalten eskaliert, wird sich die Situation immer weiter verschlimmern. Du wirst langsam zu jemandem, den du nicht mehr wiedererkennst. Du wirst außerhalb eurer Beziehung kaum noch etwas unternehmen und das Gefühl haben, dass du nach seiner Erlaubnis oder Meinung fragen musst, bevor du etwas tust. Hobbys, Schulaufgaben/Studium oder berufliche Pflichten werden dadurch beeinträchtigt.

Dieser eskalierende Zyklus aus Verhaltensweisen und Reaktionen schwächt dein Selbstwertgefühl. Infolgedessen wirst du:

1. Konditioniert. Du wirst dich nicht selbst verteidigen, sondern ihn, weil du konditioniert wurdest zu glauben, dass du schuld bist. Vielleicht hat er sogar die Unterstützung anderer Menschen aus deinem Leben gewonnen. Möglicherweise pflichtet er deiner Mutter bei, wenn sie dich kritisiert. Vielleicht sagt dein Chef auf der Firmenfeier scherzhaft, dass du vergesslich bist. Dein narzisstischer Partner wird liebend gerne dazukommen und dem zustimmen. Er mag es, Verbündete hinzuzugewinnen, die bestätigen können, dass du nicht so perfekt bist, wie er es sich vorgestellt hat, und dass der Fehler in deinem Wesen liegt, nicht in seiner Wahrnehmung.

2. Desorientiert. Du weißt nicht mehr, wer du bist oder was du im Leben willst. Wenn du intelligent bist, nennt er dich einen Besserwisser. Du hast Selbstvertrauen? Nein, du bist nur hochnäsig. Bist du selbstsicher oder ein Kontrollfreak? Denke daran, diese Typen sind auch Meister der Projektion.

3. Selbstzerstörerisch. Dein Verhalten wird zu einer sich selbst erfüllenden Prophezeiung in Bezug auf alles, was er als „falsch“

an dir erachtet. Das wird sich in deiner beruflichen oder schulischen Leistung widerspiegeln, in sozialer Hinsicht sowie in der Art und Weise, wie du dich um dich selbst kümmerst.

4. Selbstkritisch. Du wirst anfangen, Fehler zu sehen, die nie zuvor existiert haben. Die Projektion, mit der er andere für sein Verhalten oder seine negativen Eigenschaften verantwortlich macht, wird in deine Selbstwahrnehmung hineinfließen. Du wirst an deinen Entscheidungen, deinen Vorlieben und an deinem eigenen Selbstwertgefühl zweifeln.

5. Zurückgezogen. Deine Isolation wird durch die Entfremdung zwischen dir und deinen Freunden und deiner Familie entstehen. Sie wird auch aus Angst erfolgen. Wenn du in einer missbräuchlichen Beziehung bist, hast du Angst, dass andere Leute es herausfinden werden. Möglicherweise möchtest du auch die Menschen, die dir wichtig sind, vor seinem Missbrauch schützen. Du schämst dich und hast Schuldgefühle, also hältst du dich von anderen Leuten fern und nimmst weniger Einladungen an. Das ist für den Narzissten in Ordnung. Er will dich sowieso ganz für sich allein.

Sollte sich dieser Zyklus aus Missbrauch und Co-Abhängigkeit fortsetzen, wird dies zu schwerwiegenden und dauerhaften körperlichen und emotionalen Schäden führen. Selbst nachdem die Beziehung beendet ist, wird es deine Fähigkeit beeinträchtigen, anderen Menschen zu vertrauen. Du möchtest nicht, dass dir jemand nahekommt, weil:

1. du kein Vertrauen mehr in dein eigenes Urteilsvermögen hast.

2. du nicht wieder verletzt werden willst.

Ohne eine Therapie und ein Gefühl der Genugtuung wirst du wahrscheinlich wieder in einer Beziehung mit einem anderen missbräuchlichen Mann landen, weil dein Selbstwertgefühl herabgesetzt ist. In solchen Beziehungen entwickeln viele Frauen Depressionen und Angststörungen. Man kann sogar eine posttraumatische Belastungsstörung entwickeln, falls der Missbrauch schwerwiegend oder von Dauer war. Körperliche Symptome werden sich schließlich in Form von Essstörungen, Drogenmissbrauch, Schlafstörungen und einer Vielzahl von chronischen Gesundheitsproblemen manifestieren.

Abgesehen von physischen Erkrankungen und emotionalen Problemen kann die Manipulation zu einem Zustand führen, der als narzisstisches Opfersyndrom bezeichnet wird. Bei diesem Zustand treten folgende Symptome auf:

– Zweifel an der eigenen Vernunft. Das ist die Folge von Gaslighting und all dem, was der Täter immer wieder an missbräuchlichem Verhalten bringt.

– Misstrauen gegenüber den Menschen in deinem Support-Netzwerk. Der Narzisst wird dich davon überzeugen, dass sämtliche Hilfsangebote nur ein Versuch sind, euch auseinanderzubringen.

– Das Gefühl, im Stich gelassen zu sein. Dein Peiniger wird dich davon überzeugen, dass dich niemand anderes liebt, dass er alles ist, was du hast.

– Das Gefühl, wertlos zu sein. Irgendwann wirst du an deinem Urteilsvermögen und an deinem Wert in allen Lebensbereichen zweifeln.

– Zwanghaftigkeit. Du konzentrierst dich auf deine Fehler, Mängel und wahrgenommenen Makel.

– Fehlender Wille. Irgendwann wirst du nicht mehr in der Lage sein, für dich selbst einzustehen und dich gegen den Missbrauch zu wehren.

– Der Wunsch, es ihm immer recht zu machen. Dein Leben wird sich nur darum drehen, wie du das Leben deines Peinigers glücklicher und komfortabler gestalten kannst. Sämtliche Verantwortung für die Beziehung wird auf dich übertragen.

– Idealisierung des Peinigers. Die Art und Weise, wie du ihn wahrnimmst, wird dem Image, das er selbst projiziert, vollkommen entsprechen.

Vergiss nie: *Es liegt nicht an dir, es liegt an ihm.* Deine beste Aussicht auf Glück besteht darin, diese toxische Beziehung zu beenden, bevor sie eskaliert und sich zu etwas entwickelt, was eine lange Erholungszeit und Jahre der Therapie erfordert. Das Gaslighting beginnt ziemlich früh in dieser Art von Beziehung und verändert die Dynamik, bevor du weißt, wie dir geschieht.

Wusstest du, dass du in all dem nur ein Ersatzspieler bist, Teil einer variablen Besetzung von Figuren in seinem Drama? – Es ist an der Zeit, herauszufinden, welche Rolle du wirklich in seinem Leben spielst.

KAPITEL 3

ES LIEGT NICHT AN DIR, ES LIEGT AN IHM

Meine Erleuchtung begann am Tag meiner öffentlichen Bloßstellung.

Abgesehen von ein paar kleinen Vorfällen lief das Zusammenleben gut. Wir nahmen leichte Anpassungen vor, die üblicherweise vorgenommen werden, wenn man sich auf einer so intimen, alltäglichen Basis kennenlernt. Im Nachhinein betrachtet wäre es präziser zu sagen, dass *ich* unter seiner „Führung" leichte Anpassungen vorgenommen habe.

An jenem Tag rief mich meine Schwester an und bat mich, bei ihr vorbeizukommen, damit wir etwas Zeit miteinander verbringen könnten. Sie und meine Eltern hatten mich schon eine ganze Weile nicht mehr gesehen, und sie vermissten mich. Ich legte auf und sagte ihm, dass ich kurz zum Haus meiner Eltern gehen würde, um mit ihnen einen Film anzuschauen. (Ich war noch nicht ganz an dem Punkt, an dem ich um Erlaubnis bitten musste, das würde noch kommen.) Zuerst war er locker, sagte, es sei in Ordnung. Aber als ich mich auf den

Weg machte, fing er plötzlich an, den Verstand zu verlieren. Ich wollte *ohne ihn* gehen!

Ich sagte: „Du kannst auch mitkommen. Das war keine exklusive Einladung.“ Das war eine Notlüge. Meine Schwester hatte mir gesagt, dass ich ihn nicht mitbringen solle; meine Familie hatte mich seit dem Beginn unserer Beziehung nicht mehr ohne ihn gesehen. Ich wollte nur nicht, dass er es falsch versteht.

Als Nächstes beschuldigte er mich, ihn vor meiner Familie schlecht dastehen zu lassen. Er hatte sich in der vergangenen Woche zwanzig Euro von meinem Vater geliehen und es ihm noch nicht zurückgezahlt. „Ich glaube nicht mal, dass er sich Gedanken darüber macht“, beschwichtigte ich. „Wenn es dir so wichtig ist, werde ich es ihm geben, und du kannst es mir dann zurückzahlen“, schlug ich vor. Er war damit einverstanden, allerdings mit einer kleinen Korrektur: dass ich das Geld ihm gebe, damit er es meinem Vater geben könne, anstatt dass ich es meinem Vater gab.

Es war ein schöner Tag, strahlend blauer Himmel. Das Haus meiner Familie war nur etwa zwanzig Minuten entfernt, also beschlossen wir, zu Fuß zu gehen. Auf halbem Weg ging er plötzlich auf mich los, und zwar auf eine Art und Weise, wie ich sie noch nie zuvor von jemandem erlebt hatte. Er fing an herumzuschreien, dass mein Vater denken würde, dass er ein Loser sei, und dass er es hasse, zum Haus meiner Eltern zu gehen. Ich müsse erwachsen werden und aufhören, Papas kleines Mädchen zu sein. Ich war vollkommen verblüfft. Ich konnte nicht verstehen, warum er sich so benahm. Er schien sich immer gut mit meiner Familie verstanden zu haben. Ich wollte aber nicht streiten. Ich wollte auch nicht sichtlich aufgebracht bei meinen Eltern auftauchen.

Also ignorierte ich seine Kommentare und ging weiter. Da schrie er plötzlich: „Und wie oft habe ich dir gesagt, dass ich dieses Outfit hasse?" Er meinte den einteiligen Overall, den ich anhatte. Er hatte ihn nur ein einziges Mal zuvor an mir gesehen und fand, dass er wie ein Raumanzug aussehe. Ehe ich wusste, wie mir geschah, packte er mich von hinten am Kragen, zog mit einem kräftigen Ruck und schrie: „Du sollst mich nicht ignorieren und weglaufen!" Ich hörte ein reißendes Geräusch, und plötzlich war das gesamte Oberteil meines Outfits in Fetzen. Ich stand mitten in unserer Nachbarschaft auf dem Bürgersteig, nackt bis zur Taille.

Ich wusste nicht, was ich tun sollte. Ich war fassungslos, ich schämte mich. Ich sammelte alles auf, was ich konnte, zog den zerrissenen Stoff hoch, um mich damit abzudecken, und lief so schnell ich konnte zurück zu unserer Wohnung. Er entschuldigte sich und lief mir hektisch hinterher. „Es war aus Versehen", sagte er. „Das Material ist echt billig, sonst wäre es nicht so leicht gerissen." Als ich mich beruhigt hatte, rief ich meine Mutter an und sagte ihr, dass es einen Notfall bei der Arbeit gäbe und wir das Treffen auf ein andermal verschieben müssten.

An diesem Tag gingen wir nicht zu meiner Familie. Wir gingen zwei Tage später, nachdem er meinem Vater das Geld zurückgezahlt hatte.

Die meisten Frauen hätten ihn noch am selben Tag verlassen. Ich habe es nicht getan. Ich rationalisierte, er rationalisierte. Ich war noch nicht so weit, zu glauben, dass es meine Schuld war.

Noch nicht. Ich konnte mir aber auch nicht erklären, warum mir jemand absichtlich am helllichten Tag mitten auf der Straße die Kleider vom Leib riss.

Es muss ein Unfall gewesen sein, nicht wahr?

Ich war jung, naiv und verliebt. Er kaufte mir ein neues Outfit – eines, das er ausgesucht hatte – und ein paar Blumen, und das Leben lief eine Weile friedlich weiter. Aber die Frage, wohin mich diese Beziehung noch führen würde, spukte bereits in meinem Hinterkopf.

„Was macht denn ein nettes Mädchen wie du an einem Ort wie diesem?" Eine Frage, die manchmal an Frauen gerichtet wird, die sich an Orten aufhalten, an die sie nicht gehören. Wenn du in einer missbräuchlichen Beziehung bist, hast du dir wahrscheinlich selbst die Frage gestellt: *„Wie konnte ein nettes Mädchen wie ich hier landen?"*

Dieses Vorkommnis war der Moment, in dem mir zum ersten Mal bewusst wurde, dass das, was in meiner Beziehung geschah, nicht normal war. Das war vorher nicht so gewesen. Den Konflikt, der meine Mitbewohnerin mehr oder weniger gezwungen hatte, auszuziehen, und die kleinen Seitenhiebe, die auf mich gerichtet waren, hatte ich großzügig übersehen. Damals rechtfertigte ich es damit, dass er wohl einen schlechten Tag gehabt haben musste und sich deshalb wie ein Arsch verhielt.

Irgendwann kam der Punkt, an dem ich das Ganze nicht mehr rechtfertigen oder rationalisieren konnte.

Eine Methode, wie der Narzisst dich verwundbar und unsicher

macht, ist, dich davon zu überzeugen, dass *er* das Opfer ist und *du* das Problem hast. Nachdem ich halb nackt nach Hause gelaufen war, sagte er, dass das alles nicht passiert wäre, wenn ich meiner Schwester einfach nur gesagt hätte, dass heute kein guter Zeitpunkt sei, und gewartet hätte, bis er bereit gewesen wäre zu gehen.

Ein typischer Fall von Schuldzuweisung. Sie gehört zu den vielen anderen Techniken, die Narzissten anwenden, um sich durchzusetzen. Gaslighting ist eine weitere, und zwar die, die am häufigsten mit Narzissten in Verbindung gebracht wird.

Was genau ist Gaslighting? Gaslighting ist eine Form der psychologischen Manipulation, die in missbräuchlichen Beziehungen häufig vorkommt. Viele von uns haben den Begriff schon einmal gehört und haben eine vage Vorstellung davon, was er bedeuten könnte. Aber zu wissen, was dieser Begriff bedeutet, reicht noch lange nicht, um seine ganze Komplexität in der Praxis zu verstehen. Wird Gaslighting von einem Profi durchgeführt, kann es dich dazu bringen, an deiner eigenen Vernunft zu zweifeln. Du wirst dich tatsächlich fragen, ob du den Verstand verlierst.

Der Begriff stammt aus einem Film aus den Vierzigern namens *Gaslight*. Die Geschichte handelt von einer Frau, deren Ehemann systematisch alles arrangiert, um sie glauben zu lassen, sie habe den Verstand verloren.

Aber unsere Gaslighting-Erfahrungen sind nicht der Stoff aus Hollywoodfilmen; es sei denn, es ist ein Horrorfilm. Tatsächlich wird Gaslighting als ein beängstigender neuer Dating-Trend definiert, der im Zeitalter der sozialen Medien an Boden gewonnen hat. Eine derartige Manipulation der Realitätswahrnehmung verläuft in der Regel in acht Phasen.

1. Lügen und übertreiben.

Der Peiniger wird ein sehr allgemeines und subjektives Statement zu dem Verhalten, der Intelligenz, dem Geschmack oder zur Persönlichkeit des Opfers abgeben, normalerweise in einem wütenden Ton. Was er damit erreichen will, ist, dass sich die Person verunsichert und minderwertig fühlt.

Beispiele:

„Du bist so faul."

„Hättest du auch nur ein kleines bisschen Vernunft, wäre das nicht passiert."

„Das kommt davon, wenn man denkt, dass man so clever ist."

„Du würdest ohne mich niemals zurechtkommen."

2. Wiederholen, wiederholen, wiederholen.

In einer oft zitierten Predigt sagte Pfarrer Douglas M. Donley, dass eine Lüge, die oft genug wiederholt wird, zur akzeptierten Wahrheit wird. Das sehen wir in der Politik und in den Medien immer wieder. Das permanente Wiederholen ist der Schlüssel dieser Form der Gehirnwäsche. Es presst die Lüge tief in das Unterbewusstsein der Zielperson oder -gruppe. Deine Abwehrkräfte werden durch das ständige Wiederholen geschwächt, und selbst wenn du deine Ohren irgendwann auf Durchzug stellst, wird die wiederholte Lüge trotzdem einen psychologischen Effekt haben. Dies ermöglicht es der manipulierenden Person, die Geschehnisse zu steuern und Dominanz zu erlangen, da die Person, an die diese wiederholte Lüge gerichtet ist, permanent in der Defensive ist.

3. Leugnen.

Das ist die Kunst, die Lüge zu bestätigen, wenn sie hinterfragt oder mit Fakten widerlegt wird. Nicht nur, dass er dies und jenes nie gesagt oder getan hat; du hast auch völlig den Verstand verloren, es überhaupt zu behaupten! Oder aber er hat es gesagt, aber du hast es falsch verstanden. Er wird es bis zum Schluss leugnen. Das Frustrierende daran ist, dass du weißt, dass er lügt, aber du kannst es nicht beweisen oder ihn dazu bringen, es zuzugeben. Letztendlich führt dies dazu, dass du anfängst, alles infrage zu stellen, auch deinen eigenen Verstand.

Beispiele:

„Ich war ja nicht einmal dort."

„Niemand hat angerufen. Du bildest dir wohl Dinge ein."

„Ich war es nicht. Wer auch immer dir das gesagt hat, lügt."

4. Projektion.

Eine typische Facette des Gaslighting. Der Peiniger wird Anschuldigungen bezüglich seines eigenen Verhaltens erheben, oder er wird die Anschuldigungen umdrehen und sie gegen dich erheben. Er ist in jeder Situation immer das Opfer.

5. Das Opfer zur Strecke bringen.

Der Versuch, den Gaslighter vom realen Zustand der Situation zu überzeugen, wird irgendwann zur Qual. Du wirst es leid sein, dich ständig zu verteidigen. Schon bald wirst du anfangen zu glauben, dass du dich vielleicht doch geirrt hast. Das führt zu Gefühlen der Entmutigung und Unsicherheit.

6. Ein Fundament für die Co-Abhängigkeit schaffen.

Da der Narzisst die Geschehnisse steuert und die Kontrolle hat, beginnt das Opfer, eine psychologisch abhängige Beziehung aufzubauen, die auf Angst, Manipulation und Unsicherheit basiert. Der Gaslighter hat die Befugnis zur Genehmigung, nach der sich das Opfer sehnt, oder zur Ablehnung, die das Opfer fürchtet.

7. Falsche Hoffnungen wecken.

Das kann in Form von Entschuldigungen, Freundlichkeit oder sogar Trost erfolgen. Gerade genug, um das Opfer dazu zu bringen, unvorsichtig zu werden und sich zu entspannen. In Fällen von häuslicher Gewalt manifestiert sich dies oft als eine kurze Flitterwochen-Periode zwischen den Attacken, in welcher der Peiniger reuevoll ist und verspricht, es nie wieder zu tun. Er wird schwören, sich Hilfe für sein Problem zu suchen. Er wird alles versprechen. Das tut er so lange, bis er das Gefühl hat, dass das Opfer seinen Worten glaubt und die Hoffnung hat, dass der Missbrauch möglicherweise aufhören wird. Und das tut er auch, aber nur für eine kurze Zeit.

8. Dominanz und Kontrolle ausüben.

Die verbalen Attacken und Anschuldigungen werden eskalieren, häufiger vorkommen und intensiver werden. Das hat einen psychologisch schädigenden Effekt auf die missbrauchte

Person, die sich in einem konstanten Angstzustand befindet und damit das Macht- und Dominanzempfinden des Peinigers steigert.

Narzissten sind emotionale Vampire. Sie saugen deine Energie so lange auf, bis du nur noch eine leblose Version deines früheren Selbst bist.

Narzissten besitzen kein Einfühlungsvermögen. Ob man an ihre Logik appelliert, sie anfleht oder ihnen Toleranz entgegenbringt – es ist, als würde man einen Kampf gegen Windmühlen führen; dies alles verstärkt eher noch das Ungleichgewicht in der Machtdynamik.

Die folgenden Situationen stellen einige der Psychospiele und Tricks dar, die Narzissten anwenden, um dich aus dem Gleichgewicht zu bringen. Erkennst du dich in einem der folgenden Szenarien wieder?

Situation Nr. 1: Du beeilst dich, um dich für euren Ausgehabend fertig zu machen. Du versuchst, es möglichst schlicht zu halten, weil er sich immer aufregt, wenn du zu lange brauchst, um dich fertig zu machen. Du bist froh, dass du alles in zwanzig Minuten hinbekommen hast, und kommst wunderschön und lächelnd aus dem Bad heraus. Anstatt begeistert zu sein, schaut er dich an und sagt: „Willst du das wirklich tragen? Vielleicht solltest du noch einmal in den Spiegel schauen."

Situation Nr. 2: Ihr schaut euch gemeinsam einen Film an und er bekommt währenddessen die ganze Zeit Nachrichten auf seinem Smartphone. Du weißt nicht, von wem sie sind, aber was auch immer da drinsteht, es amüsiert ihn sichtlich. Plötzlich sagt er, dass er kurz wegmuss. Du fragst, warum, und er sagt dir, dass dir Unsicherheit wirklich nicht gut steht.

Situation Nr. 3: Du bist mit ihm unter der Woche zum Mittagessen verabredet. Er hat die Uhrzeit auf 13 Uhr festgelegt. Du kommst fünfzehn Minuten früher und findest einen freien Tisch. Du hast nur eine Stunde Mittagspause, also wartest du bis 13:30 Uhr und bestellst schließlich etwas zum Mitnehmen. Fünfzehn Minuten später taucht er auf und behauptet, dass er gesagt habe, dass ihr euch um 14 Uhr treffen wolltet, obwohl du ihm die Nachricht auf deinem Handy zeigst. Dann wird er sauer, weil du zurück zur Arbeit musst. Er sagt, das wäre nicht passiert, wenn du etwas organisierter wärst.

Wie hättest du dich in diesen Situationen verhalten? Findest du sie absonderlich oder gar absurd?

Ich habe mich damit beschäftigt, wie Narzissten agieren, um ihre Partnerinnen zu manipulieren. In der Regel verfügen sie über mehrere Personen, die ihr Bedürfnis nach Aufmerksamkeit und Kontrolle stillen. In den meisten Fällen spielen sie die Menschen um sich herum gegeneinander aus; dabei kann sich die Rolle, die jede Einzelperson spielt, zu jeder Zeit ändern. Einige Experten bezeichnen dies als den Harem des Narzissten, in dem es nicht zwangsläufig um Romantik oder gar Sex geht. Das ist der Kreis der Menschen, die er in seiner Nähe hat, um sein Ego aufpumpen zu können.

Welche Rolle spielst du in seinem Leben?

Im Mittelpunkt dieses Zirkus steht der Narzisst selbst. Du kannst ihn auch den Anführer, Zirkusführer oder Zirkusdirektor nennen, wenn du willst. Er ist derjenige, der die Gruppe um sich herum versammelt und die ganze Show dirigiert. Ob gut oder schlecht, die Aufmerksamkeit ist immer auf ihn gerichtet.

Dann ist da noch der Sündenbock. Genau wie bei vielen anderen Charakteren kann auch diese Rolle von jedem Mitglied der Gruppe nach Lust und Laune gespielt werden. Irgendjemand – wer auch immer das seiner Meinung ist – ist verantwortlich für was auch immer Negatives in seinem Leben gerade passiert. Das kann der Mitarbeiter, der ihn ruinieren will, oder die böse Ex oder seine Eltern sein; oft ist es sein aktueller Partner.

Das Ziel ist normalerweise die neue Angebetete, die mit Aufmerksamkeit überschüttet wird, bis sie vollständig indoktriniert ist. Das bist du, am Anfang. Du wirst so lange begünstigt, bis du etwas tust, wodurch du die Gunst des Narzissten verlierst. Diese Rolle kann auch von einem neuen Freund oder einem neuen Mitarbeiter bei der Arbeit gespielt werden. Einige seiner Zielpersonen kämpfen gar um seine Aufmerksamkeit oder stehen über seine Social-Media-Profile auf Abruf bereit.

Du wirst sehr vertraut mit dem Hintermann werden. Meistens ist diese Person ein Elternteil, ein Geschwisterteil oder ein bester Freund. Er wird sein Verhalten rechtfertigen und vielleicht sogar an der Schikane oder dem Mobbing anderer Crewmitglieder teilnehmen. Die Person, die diese Rolle spielt, kann auch in die Rolle des Sündenbocks oder der Schulter zum Ausweinen wechseln, wenn der Narzisst etwas Mitleid braucht.

Hat dein narzisstischer Partner einen Komplizen? Das ist

jemand, der möglicherweise auch ein Narzisst ist, und er fungiert als Hintermann oder Auftragskiller des Narzissten. Zielpersonen können auch diese Rolle übernehmen, sobald ein neues Ziel auftaucht. Zum Beispiel die Ex, die immer noch sehr präsent in seinem Leben ist. Du wirst auch Sündenböcke finden, die entlang des Zirkus tanzen und versuchen, seine Gunst zu erlangen und seine rechte Hand zu werden, indem sie sich unentbehrlich machen. Diese Rolle ist jedoch in der Regel dem besten Freund aus der Kindheit vorbehalten, der von jeher an seiner Seite war – der Person, die alles für ihn tun würde.

Und natürlich braucht jeder Zirkus einen Hausmeister. Das ist jemand, der ihm nahesteht, normalerweise eine Freundin mit der Ambition, dass mehr daraus werden könnte; oft ist sie insgeheim in den Narzissten verliebt und hofft, aus der Freundschaftszone herauszukommen, indem sie zeigt, wie loyal sie ist. Es kann aber auch eine männliche Person sein, die am Rande des Freundeskreises des Narzissten steht und der wie er sein will. Diese Person wird dich am meisten kritisieren und ihn verteidigen. Er oder sie wird nett und aufgeschlossen wirken, aber möglicherweise am gefährlichsten sein. Man könnte diese Person auch den „verdeckten Hintermann“ oder den Kampfhund nennen.

Es wird dir nichts nützen, zu versuchen, einen dieser Menschen als Verbündeten auf deine Seite zu ziehen. Ich habe mehrmals versucht, mich mit seiner Mutter, seiner Schwester und seinen Freunden zu verbünden. Seine Schwester und mehrere Ex-Freundinnen haben versucht, mich vor ihm zu warnen; er sagte, sie seien nur neidisch auf unsere Liebe. Im Nachhinein kann ich nur „Igitt“ sagen. Es dauerte lange, bis mir klar wurde, dass ich nur eine vorübergehende Nummer war. Die Spieler werden ständig ausgetauscht und neue Crewmitglieder werden eingeführt. *Das Lieblingsspiel des Narzissten ist es, diese Charaktere gegeneinander auszuspielen, während er das von ihm geschaffene Chaos genießt.*

Nicht jeder narzisstische Missbrauch ist offensichtlich. In einer Beziehung, in der subtiler emotionaler Missbrauch vorkommt, manifestiert er sich oft in einer langsameren, unaufdringlicheren Form des Gaslighting. Im klassischen Narzissmus macht der Peiniger das Opfer emotional von sich abhängig, und zwar auf eine positive Weise, indem er es mit Aufmerksamkeit überschüttet, wie bereits in den Phasen einer missbräuchlichen Beziehung erwähnt. Dann, sobald sich die Person in der Beziehung sicher fühlt, wird ihr gezielt der Boden unter den Füßen weggezogen, indem ihr Selbstwertgefühl herabgesetzt wird. Diese Art von Narzissmus ist dreist, laut und tyrannisch.

Die andere Art ist als verdeckter Narzissmus bekannt. Dieser manipulative Mann ist die stille, introvertierte Variante. Er ist sympathisch und immer hilfsbereit. Es scheint jedoch etwas zu fehlen. Sein Lächeln erreicht nie wirklich seine Augen. Verdeckte Narzissten gelten als die wohl gefährlichsten dieser egozentrischen, passiv-aggressiven Spezies. Hier sind ein paar Eigenschaften, die darauf hindeuten könnten, dass du in einer solchen narzisstischen Partnerschaft steckst.

1. Er ist bescheiden und selbstironisch, fast schon schüchtern. Allerdings ist er ein ewiges Opfer der Umstände. Zum Beispiel wird dir sein Talent für Design auffallen und du wirst sagen, dass er ein guter Architekt geworden wäre. Er wird mit den Schultern zucken und sagen, dass er das vielleicht versucht hätte, wenn seine Familie ihn mehr unterstützt hätte.

2. Er ist doppelzüngig. Er kann sehr charmant sein, aber nur, wenn es ihm von Nutzen ist. Er könnte sich z. B. mit jemandem befreunden, der ihm seiner Meinung nach für seine Karriere nützlich ist, und ihn dann wie eine heiße Kartoffel fallen lassen oder hinter seinem Rücken lästern, wenn er bekommen hat, was er will. Der verbale Missbrauch wird noch schlimmer, wenn sich herausstellt, dass diese Person doch nicht so hilfreich ist.

3. Er ist dubios. Er ist ein Mann, der an jedem Rache zu nehmen plant, der ihm seiner Meinung nach in irgendeiner Weise schaden könnte. Selbst die kleinsten Ausrutscher sind ein Anlass zur Vergeltung, dabei geht es meist um etwas Belangloses. Er ist die Sorte Kerl, der jemandem ins Essen spuckt und dann erwartet, dass du später mit ihm darüber kicherst.

4. Er verwendet während eines Streits zirkuläre Logik, bis du so verwirrt bist, dass du dich bei ihm entschuldigst, obwohl er eindeutig schuld ist. Einmal habe ich Michael gefragt, ob er mich wirklich liebe oder ob das Ganze für ihn nur ein Spiel sei. Er sagte, dass er das natürlich tue, und fragte sich, warum ich so etwas überhaupt sagen würde. Als ich versuchte, zu erklären, warum, fing er damit an, wie misstrauisch ich doch sei, und zählte dann all die Dinge auf, die beweisen würden, wie sehr er mich liebe. Die meisten drehten sich darum, dass er meine Fehler toleriere, und das ging so lange, bis ich mich dafür entschuldigte, dass ich an ihm gezweifelt hatte.

5. Er ist ruhig und zurückgezogen, ein klassischer Introvertierter. Er bleibt lieber zu Hause und er hält seinen Freundeskreis möglichst klein. Manchmal kann dieser nur aus dir und einem Kumpel bestehen.

6. Er gibt vor, ein guter Zuhörer zu sein, hat aber nicht die Geduld, wirklich zuzuhören. Wenn du ihm etwas erzählst, wird er ein schnelles Urteil über die Situation fällen und die Dinge, die dich wirklich belasten, ignorieren. Zum Beispiel könnte er dich mitten in einer Geschichte unterbrechen und sagen, dass er das Ende bereits kennt. Oder du kommst wegen eines Vorfalls bei der Arbeit aufgebracht nach Hause und er erzählt dir von dem einen oder anderen Mal, als *ihm* etwas Schlimmeres passiert ist. Er könnte sogar andeuten, dass es wahrscheinlich deine Schuld war.

7. Du scheinst nie „echte" Momente mit ihm zu haben. Er wirkt immer distanziert, fast innerlich leer. Möglicherweise wird dir das gegen Ende der Flitterwochen-Phase auffallen. Es ist schwer, dieses Gefühl zu beschreiben. Ich fühlte mich sentimental und wollte in seinen Armen liegen, nachdem wir uns einen romantischen Film angeschaut hatten und wir meinem Empfinden nach einen Moment der Verbundenheit hatten. Aber manchmal war es so, als würde ich meine Arme um eine Puppe legen.

8. Er hat kein Mitgefühl. Man erzählt ihm, dass etwas Schreckliches passiert ist, und er zeigt überhaupt keine Gefühle. Mein Hund war gestorben. Ich hatte ihn mit zehn Jahren als Welpen bekommen, es war ein Weihnachtsgeschenk. Michael war total genervt von meinem Weinen. Er sagte, es sei nur ein Hund, kein Mensch. Das sei ja nicht das Ende der Welt. Er meinte außerdem, dass meine Liebe zu ihm nicht gar so groß gewesen sein könne angesichts der Tatsache, dass ich ihn bei meinen Eltern gelassen hätte, als ich dort auszog.

9. Er wird dir vorwerfen, mit fast allem zu übertreiben, oder behaupten, dass du dir deine Probleme nur einbildest. Das ist

eine klassische Gaslighting-Technik. Er könnte genauso gut alle Lichter im Haus einschalten und sagen, dass du es warst. Wenn du dem widersprichst, wird er sagen, dass du es einfach zugeben und beim nächsten Mal daran denken sollest, sie auszuschalten.

10. Er fühlt sich in der Nähe von verzweifelten Menschen extrem unwohl. Er wird nicht versuchen, dich zu trösten, wenn du weinst, oder sich deine Probleme anhören, vor allem nicht, wenn er etwas mit ihnen zu tun hat. Emotionen sind einfach zu chaotisch für ihn.

11. Es macht ihm nichts aus, Menschen zu benutzen, um seinen Willen durchzusetzen. Da es ihm an Empathie mangelt, hat er kein Problem damit, andere zu verletzen, um zu bekommen, was er will. Ein Beispiel dafür wäre, dass er bei seiner Arbeit eng mit jemandem zusammenarbeitet, um ein Projekt fertigzustellen, und dann den ganzen Ruhm selbst einheimst. Er wird auch überrascht sein, wenn sich diese Person nicht über seinen Erfolg freut.

12. Im Gegensatz zum klassischen Narzissten *wird sich der verdeckte Narzisst entschuldigen.* Allerdings nur, wenn er dadurch das bekommt, was er will. Ein Beispiel hierfür ist, wenn du ihn mit Schweigen strafst. Diese Strafmaßnahme ist Narzissten vorbehalten, und sie können es nicht ertragen, selbst so behandelt zu werden. Er wird sich entschuldigen, er wird Witze machen, er wird alles Nötige tun, um dich wieder zum Reden zu bringen.

13. Es tut ihm nie wirklich leid, dich verletzt zu haben, weil er emotionalen Schmerz nicht versteht. Es sind alles nur Worte. Seine Entschuldigungen beginnen und enden bei „Es tut mir

leid“, aber das Verhalten, das er angeblich bedauert, bleibt immer dasselbe.

14. Du musst ihm immer wieder normale menschliche Emotionen und Reaktionen erklären, weil er nicht versteht, warum dich das, was er sagt oder tut, aufregt. Zum Beispiel wird er dein Aussehen kritisieren oder die Art und Weise, wie du sauber machst, und überrascht sein, wenn du verletzt oder beleidigt bist. In seinem Kopf hat er dir nur „geholfen“, und niemand sollte sich dadurch beleidigt fühlen.

15. Er wird keine Verantwortung übernehmen oder darüber reden. Er wird einfach weggehen. Wenn du versuchst, mit ihm über etwas zu sprechen, was dich stört, wird er entweder sagen: „Ich habe keine Lust, mit dir zu reden, wenn du auf Streit aus bist“ oder er wird überhaupt nichts sagen und einfach weggehen, oft mitten im Satz.

Je nachdem, wie lange die Beziehung dauert, kann der Schaden, den derartige Psychospiele verursachen, lang anhaltend sein. Es kann Monate, vielleicht sogar Jahre dauern, bis du dich wieder daran erinnern kannst, wie sich Normalität anfühlt. Du könntest isoliert werden, weil du den Menschen nicht mehr vertraust und Angst davor hast, eine neue Beziehung einzugehen. Früher hatte ich Witze gemacht, wenn ich sagte, dass er mich so gut behandele, dass andere Männer für mich nie mehr infrage kommen würden. Und das werden sie auch nicht, aber nicht im positiven Sinne.

Bist du bereit, seine Tricks zu lernen, damit du sie gegen ihn einsetzen kannst?

ABSCHNITT II

MITTENDRIN: DIE ANZEICHEN NARZISSTISCHEN VERHALTENS ERKENNEN

In einer Wirbelsturm-Romanze zu sein, ist berauschend. In einer zu sein, die missbräuchlich wird, ist wie auf einer Achterbahn zu fahren, die plötzlich aus den Schienen fällt. Die Fahrt war anfangs aufregend und spannend, aber jetzt bereust du sie. Da gibt es nur ein Problem: Es ist gefährlich, von einer Achterbahn herunterzukommen, während sie die Gleise hinunterfährt. Es kann sogar tödlich sein. Aber du kannst wirklich nicht klar sehen oder denken, während du mitten in der Fahrt bist.

Du musst die Situation in den Griff bekommen, sozusagen die Bremse ziehen und dann aussteigen. Sobald du in Sicherheit bist, kannst du deine Optionen analysieren.

Ich habe ein wenig darüber gesprochen, was NPS ist; wie man die Anzeichen erkennt, dass man in einer Beziehung mit einem Narzissten ist; über viele der Methoden, wie Narzissten ahnungslose Frauen in ihren Bann ziehen; und welche Auswirkungen es hat, in einer solchen Beziehung zu bleiben.

Jetzt ist es an der Zeit, etwas präziser zu werden und ein wenig tiefer zu graben, um die Psychologie des Peinigers und des Opfers zu ergründen. In Kapitel 4 – „Ist dein Partner ein echter Narzisst?" – werde ich erklären, was jemanden mit NPS vom durchschnittlichen Arschloch unterscheidet, und mich mit der Psychopathologie des Narzissmus und den verschiedenen Varianten dieser Störung beschäftigen. Ist er psychotisch oder einfach nur eingebildet? Was ist verdeckter Narzissmus, und ist dies dasselbe wie die NPS? Ist es schlimmer?

Was für Außenstehende ein Rätsel ist, das ist, wie der Narzisst die Menschen um sich herum manipuliert. Viele Narzissten scheinen nach außen hin normale, funktionsfähige Menschen zu sein. Sie sind Anführer. Sie sind hilfsbereit und scheinen sich um andere Menschen zu kümmern. Der Narzisst zwingt die Menschen, die ihm am nächsten stehen, auch eine Maske zu tragen. Diese Menschen kümmern sich wirklich um ihn und wollen ihn nicht auffliegen lassen, solange sie seine Gunst genießen. Ab und zu bricht jemand aus dem Rudel aus und versucht, den Narzissten öffentlich zu outen, und wird infolgedessen selbst angegriffen und erniedrigt.

Wenn der Narzisst in der Öffentlichkeit derart fürsorglich und erfolgreich erscheint, wie sieht dann sein Verhalten gegenüber seinem Partner im Privaten aus? Hier eine Szene aus meinem eigenen Leben:

Ich hatte eine wichtige bevorstehende Veranstaltung, bei der ich als Co-Moderatorin eine Spendenaktion für die Firma organisierte, für die ich gearbeitet habe. Ich sollte auch eine Rede halten. Ich hatte schon seit Wochen darüber gesprochen, und jeder wusste, dass ich aufgeregt und nervös war. Ich hatte ihn nicht ausdrücklich darum gebeten, da zu sein, um mich zu unterstützen, weil das für mich selbstverständlich war. Eigentlich hatte er mir die ganze Zeit, während ich die Veranstaltung organisierte, vermittelt, dass er da sein und zuschauen würde. Schließlich kam der große Abend, und ich machte mich fertig. Plötzlich tauchte sein bester Freund auf. Ich hörte ihn vor der Tür stehen, hörte seine laute Stimme. Ich nahm an, dass Michael ihm sagen würde, dass wir schon etwas vorhätten. Stattdessen schnappte er sich seine Jacke aus dem Schlafzimmer und sagte, dass wir uns später sehen würden.

Ich rannte mit einem Ohrring in der Hand aus dem Badezimmer und fragte ihn, wohin er gehe. Er und sein Kumpel schauten sich gegenseitig an, und sein Freund fragte, wann seine Mutter bei ihm eingezogen sei. Sie lachten beide und gingen fort. Ich konnte sie noch bis zum Auto hören. Ich stand da und war erschüttert.

Ich ging allein zu meiner Veranstaltung und suchte Ausreden für seine Abwesenheit. Es war ein Erfolg, aber ich war enttäuscht. Für mich hatte dieser Vorfall fast schon die ganze Veranstaltung ruiniert. Ich sah nach außen hin glücklich aus, aber in Wirklichkeit war mir nach Weinen zumute. Als er um 3 Uhr morgens betrunken hereinplatzte, wollte ich erst so tun, als würde ich schlafen. Doch dann stellte ich ihn doch zur Rede und sagte ihm, wie verletzt ich war, weil er nicht da war. Er warf mir vor, zu bedürftig zu sein. Ein paar Tage später kam seine Schwester zu Besuch. Sie merkte, dass die Stimmung etwas angespannt war, und fragte, was los sei. Er rollte mit den Augen und meinte, ich sei wie ein Baby, weil er zu irgendeiner „Arbeitssache" nicht mitgekommen sei. Als ich ihr erzählte, was passiert war, ergriff sie Partei für ihn. Später sagte er mir, dass seine Schwester mich nicht möge; seine Ex-Freundin habe sie hingegen sehr gemocht.

Befindest du dich in einer Beziehung mit jemandem, der dir das Gefühl gibt, unwichtig zu sein, obwohl er dich früher immer umworben hat? Missbräuchliche Beziehungen machen dich mitunter:

– überempfindlich. Du gehst immer wie auf Eiern, weil du Angst vor Missbilligung, Wut oder Demütigung hast.

– defensiv. Du hast das Gefühl, dass du dich gegen lächerliche Anschuldigungen verteidigen oder dein Verhalten und deine Gefühle ständig rechtfertigen musst. Aber du verteidigst nicht nur dich selbst, sondern auch ihn. Du wehrst dich gegen Menschen, die ihn oder sein Verhalten kritisieren. Egal, wie er dich behandelt, du wirst ihn immer verteidigen – nicht weil er Recht hat, sondern weil du das Bedürfnis verspürst, deine Loyalität zu beweisen. Diese Männer präparieren dich für diese Position, indem sie dir vermitteln, dass du sie nicht genug liebst und sie „wie alle anderen" verlassen wirst. Du musst beweisen, dass du anders bist.

– ungewiss. Du weißt nie, wo du mit diesem Mann wirklich stehst. Er versucht dich immer wieder dazu zu bringen, deine Loyalität und Hingabe zu beweisen, wobei er dir gleichzeitig immer weniger Anlass gibt, loyal oder ergeben zu bleiben.

Wenn du mit ihm nicht einer Meinung bist, bist du gegen ihn. Wenn du eifersüchtig bist, bist du unsicher. Wenn du wütend wirst und dich wehrst, bist du kompliziert und irrational. Du befindest dich in einer No-win-Situation.

– erschöpft. Sobald die Flitterwochen vorbei sind, wird dein Leben zu einem konstanten Zyklus widersprüchlicher Emotionen, die so manipuliert werden, dass du nicht mehr Herr deiner selbst bist. Manchmal hoffst du, dass ihr wieder in den glückseligen Zustand zurückkehrt, den du am Anfang so sehr genossen hast, aber das hält nie lange an.

– unsicher. Es scheint, dass – egal was du tust oder sagst oder wie du dich benimmst – er immer einen Fehler darin findet. Irgendwann weißt du überhaupt nicht mehr, wie du dich verhalten sollst. Du fragst deine Freunde, ob du übertreibst. Du gehst zu deiner Mutter oder einer anderen Vertrauensperson und fragst: „Ist das normal?“ Du zweifelst plötzlich an jeder Entscheidung, die du triffst, und traust deiner eigenen Intuition nicht mehr.

Indem du über meine Erfahrungen liest, wird es dir leichterfallen, die Eigendynamik zu erkennen, die missbräuchlichen Beziehungen zugrunde liegt. Es ist schwierig zu begreifen, dass man in einer missbräuchlichen Beziehung ist, wenn man mittendrin steckt, selbst wenn man spüren kann, dass etwas nicht stimmt. Es ist auch normal, sich allein und durcheinander zu fühlen. Vielleicht wird es dir leichterfallen, dich in der Geschichte eines anderen wiederzuerkennen.

Nimm meine Freundin Karina als Beispiel. Ich habe sie in einer Selbsthilfegruppe für Missbrauchsopfer kennengelernt. Der Missbrauch, den wir erlebt haben, ist die unsichtbare Art, die aber die tiefsten Narben hinterlässt. Das macht die Geschichte von Missbrauchsopfern so tragisch. Karina ist eine intelligente, erfolgreiche Frau. Wäre der Missbrauch körperlicher Art gewesen, hätte sie die Beziehung wahrscheinlich umgehend beendet. Aber es war emotionaler Missbrauch in seiner schlimmsten Form, und zwar zur verwundbarsten Zeit in ihrem Leben, kurz nach ihrer Brustkrebsdiagnose.

Sie kannte Rick schon seit einigen Jahren. Sie verstanden sich gut, aber sie waren beide darauf fokussiert, ihre Karriere voranzubringen. Es gab keine Anzeichen dafür, dass er ein Peiniger sein könnte. Das Timing war einfach nicht richtig, dachte sie sich.

Kurz vor Beginn ihrer Therapie trafen sie sich wieder. Vielleicht war es die Angst vor dem Tod, die sie verwundbarer und damit zugänglicher machte, und er war so lieb und unterstützend. Sie erzählte mir, dass die Art und Weise, wie er ihr so aufmerksam zuhörte, als sie ihm das Neueste aus ihrem Leben erzählte, ihr Herz nur so dahinschmelzen ließ. Beide waren sich einig, dass das Leben zu kurz ist, um noch mehr Zeit zu verschwenden. Von diesem Punkt an waren sie unzertrennlich, und einen Monat später heirateten sie. Er war während der gesamten Therapie und Operation immer für sie da. Sie hatte eine Lumpektomie; das war nicht ganz so dramatisch wie eine Mastektomie, aber trotzdem traumatisch.

Sie dachte, dass sie nach dem Ende ihrer Erkrankung endlich würde durchstarten können. Jetzt könnte sie endlich beginnen, wirklich zu leben! Da kamen die ersten Risse zum Vorschein. Zuerst wollte er nicht, dass sie wieder zur Arbeit geht. Schließlich sei ihre letzte Behandlung noch nicht so lange her. Er verdiene genug Geld, um beiden ein angenehmes Leben zu ermöglichen. Sie musste zugeben, dass es irgendwie schön war, jemanden zu haben, der sich um sie kümmern wollte. Ihre Familie fand es auch toll.

Der nächste kleine Riss war sein Verhalten in Bezug auf ihre Kleidung. Sie zeigte mir ihre damaligen Fotos. Sie war nicht aufreizend angezogen, aber es war offensichtlich, dass sie sehr viel Wert darauf legte, gut auszusehen. Das ist ziemlich normal, wenn jemand eine lebensbedrohliche Krankheit überlebt, insbesondere wenn man mehrere Operationen hinter sich hat.

Er warf ihr vor, andere Männer verführen zu wollen. Anfangs sagte er es nicht so offenkundig. Es begann mit Kommentaren und der rhetorischen Frage, ob es angemessen sei, eine tief geschnittene Bluse oder etwas Figurbetontes zu tragen, nachdem ihr ein Teil der Brust entfernt worden war. Möglicherweise würden die Leute es bemerken und sie anstarren oder bemitleiden. Das hatte den gewünschten Effekt. Sie fühlte sich unsicher und kleidete sich für eine Weile etwas konservativer.

Irgendwann fing er an zu kontrollieren, wie lange sie im Supermarkt brauchte, beschwerte sich, wenn sie nicht sofort auf seine Nachrichten antwortete, oder beschuldigte sie direkt des Betruges, wenn sie nicht beim ersten oder zweiten Klingeln ans Handy ging.

Es kam nie zu körperlichem Missbrauch, aber es gab Drohungen und Schikanen. Nach drei Jahren ging sie. Sie setzte ihre Karriere dort fort, wo sie kurz vor ihrer Krankheit und Ehe aufgehört hatte, und führt inzwischen ein erfolgreiches Unternehmen. Sich großartig zu fühlen und fabelhaft auszusehen, war für sie die beste Rache.

Abgesehen von ihrer Entschlossenheit hatte Karina noch etwas, das ihr bei ihrer Genesung geholfen hat: eine liebevolle Familie, die ihr zur Seite stand, egal wie sehr ihr Mann versuchte, sie einzuschüchtern. Das ist entscheidend. Viele Frauen in solchen Situationen kommen aus dysfunktionalen Verhältnissen, sodass eine Beziehung zu einem Narzissten nur eine Fortsetzung ist. Die Situation mit meiner Familie erreichte einen so heiklen

Punkt, dass ich sie in den letzten sechs Monaten vor meinem „Abgang“ nicht ein einziges Mal gesehen oder mit ihnen gesprochen habe. Sie hatten mir gesagt, dass er bei ihnen zu Hause nicht mehr willkommen sei. Ich fühlte mich gefangen und allein.

Insofern ist dieses Buch auch für Familie und Freunde geeignet, die jemanden in einer missbräuchlichen Beziehung kennen und erfahren möchten, was sie tun können, um Hilfe und Unterstützung zu leisten. Familienmitglieder und Freunde können sich genauso hilflos und gefangen fühlen. Solltest du ein oder mehrere dieser Anzeichen bei einem Angehörigen oder jemandem aus deinem Freundeskreis erkennen, hoffe ich, dass auch du hier einige hilfreiche Ideen und Inspirationen finden wirst.

Narzissmus ist nicht nur in romantischen Beziehungen toxisch. Du könntest diese Art von missbräuchlichem Verhalten auch bei anderen narzisstischen Individuen erkennen, mit denen du zu tun hast. Von solchen Menschen solltest du dich so gut wie möglich fernhalten.

Wissen ist Macht. Zu erkennen und zuzugeben, dass man sich in einer ausweglosen, toxischen Partnerschaft befindet, ist schwierig. Jedoch ist es der erste Schritt zur Freiheit. Sich selbst zu heilen und zu verhindern, dass es jemals wieder passiert, sind die nächsten Schritte.

Mein Ziel ist es, dir zu helfen, indem ich dir von meinem Leben und meiner Vergangenheit erzähle. Möglicherweise wird dir meine eigene Erfahrung helfen zu lernen, typische Situationen frühzeitig zu erkennen. Dabei gibt es auch Eigenschaften, die bestimmte Frauen anfälliger für diese Art von Psychospielen machen. Jeder Ratschlag bezieht sich auf deine Selbstwahrnehmung, nicht auf die Schuldfrage. Die stärksten und intelligentesten Frauen sind diejenigen, die am härtesten fallen.

Du bist eine Überlebende, kein Opfer.

Dich selbst als eine Überlebende narzisstischen Missbrauchs und nicht als Opfer deines Peinigers zu sehen, wird dich stark machen. Du wirst bereit sein, wieder aufzustehen und weiterzumachen. Es gibt Methoden, die den Heilungsprozess erleichtern können. Das ist der wichtigste Teil, wenn es darum geht, sich vom Peiniger zu befreien, und es kann dir eine ganz neue Perspektive verschaffen. Es gibt bestimmte Maßnahmen, die du ergreifen kannst, um dich vom Bann eines Manipulators zu befreien. Du musst lernen, Warnzeichen zu erkennen, und dir Techniken aneignen, den verbalen und emotionalen Missbrauch zu mildern. Das wird als Bruch der Traumabindung bezeichnet.

Eine der ersten Maßnahmen ist das Festlegen einer strikten Kein-Kontakt-Regel. Dadurch wirst du Zeit und Abstand haben, um dich von diesem Mann zu entgiften. Eine missbräuchliche Beziehung zu verlassen, ist manchmal wie ein Drogenentzug. Shahida Arabi, eine Expertin auf diesem Gebiet, vergleicht die Liebe zu einem Narzissten mit einer Crack-Sucht. Mit gezielten Schritten werde ich dir helfen, auf Abstand zu bleiben und dein Selbstvertrauen wiederherzustellen, wie z. B. durch ein Tagebuch, Meditation und andere Selbsthilfe-Routinen.

Wenn du dich in diesen Geschichten und Situationen selbst wiedererkennst, denke daran, dass es durchaus möglich ist, da herauszukommen und mit Kraft und Zuversicht einer neuen

Zukunft entgegenzugehen. Der Genesungsprozess kann sehr lange dauern, und du musst lernen, wieder deiner Intuition zu vertrauen. Wie lange deine Genesung dauern und wie erfolgreich sie sein wird, hängt von vielen Faktoren ab, unter anderem davon, wie lange die Beziehung gedauert hat, ob Kinder involviert sind, ob Gewalt im Spiel war, sowie von deinem persönlichen psychischem Zustand.

Ich werde später noch detaillierter auf die üblichen Folgen eingehen und die dazugehörigen Statistiken über die Prävalenz narzisstischen Missbrauchs analysieren. Ich werde über das Phänomen des narzisstischen Opfersyndroms sprechen und demonstrieren, welche Folgen es für die Betroffenen und ihre Angehörigen hat. Außerdem werde ich mich auch damit befassen, wie wohlmeinende Menschen und die Gesellschaft im Allgemeinen mitunter dem Peiniger beistehen und damit das Opfer zusätzlich traumatisieren.

Eines der größten Hindernisse bei der Genesung ist die soziale Invalidierung. Peiniger isolieren ihre Opfer von Support-Netzwerken. Die Invalidierung ihres Traumas verschärft das Problem zusätzlich und hält die Betroffenen davon ab, die Hilfe zu erhalten, die sie benötigen, um aus ihrer traumatischen Situation herauszukommen. In gewisser Weise ist es so, als würdest du wieder und wieder missbraucht werden.

Warum traumatisieren andere, auch Menschen im Gesundheits- und Justizbereich, Missbrauchsopfer? Handelt es sich hierbei nur um ein Symptom der heutigen Epidemie egozentrischen Verhaltens und eines freiwilligen Empathiemangels in unserer Gesellschaft? Die traurige Tatsache des modernen Lebens ist, dass wir in schwierigen Zeiten leben und viele Menschen mit ihren eigenen verborgenen Traumata zu kämpfen haben. Die Unsichtbarkeit des emotionalen Missbrauchs ist mutmaßlich ein Teil des Problems. Er hinterlässt keine körperlichen Narben oder Deformationen. Der Narzisst verbirgt sein Verhalten, wenn er überhaupt etwas Falsches daran sieht. Seine Opfer behalten es entweder aus Scham und Angst für sich oder werden aktive Mitwirkende an ihrem eigenen Missbrauch.

Wenn es keinen körperlichen Missbrauch gibt, gehen die Leute einfach davon aus, dass es nicht so schlimm sein kann. Narzissten bekräftigen diese Sichtweise, indem sie das Opfer davon überzeugen, dass es für seinen eigenen Missbrauch verantwortlich ist.

Häufige Kommentare und Fragen, die Menschen an Betroffene narzisstischen Missbrauchs richten, sind unter anderem:

– Es ist ja nicht so, dass er dich geschlagen hat!

– Lass uns während deiner Sitzung nicht über ihn sprechen; dich auf ihn statt auf dich zu konzentrieren, wird deinen Genesungsprozess nur verlängern.

– Bist du immer noch nicht drüber hinweg?

– Du bist nicht die Erste, die eine schlimme Trennung hinter sich hat. Wir alle waren schon mal mit dem Teufel zusammen. Lebe dein Leben weiter.

– Vielleicht hast du dir einfach nicht genug Mühe gegeben.

Einige dieser Kommentare und Fragen stammen gar von ausgebildeten Psychotherapeuten. Die Grenzen zwischen der Motivierung des Patienten, die Verantwortung für seine Genesung zu übernehmen, und der Beschuldigung des Opfers sind äußerst fließend.

Sobald du spürst, dass du eine innere Kraftquelle in dir trägst, kannst du dich auf die Reise begeben und dein Selbst zurückerlangen. Ein Teil deines Genesungsprozesses könnte Rachegedanken wachrufen. Wenn du ein Mensch aus Fleisch und Blut bist, dann tut es das wahrscheinlich auch. Da du deine Emotionen so lange in dich hineinstopfen musstest, wirst du eine Menge verdrängter Wut und Trauer empfinden. Den Spieß umzudrehen und deinen Peiniger mit seinen eigenen Waffen zu schlagen, ist manchmal der einzige Weg, um ihn loszuwerden. Sobald er merkt, dass du unabhängig von ihm stärker und besser bist, wird er seine Macht verlieren.

KAPITEL 4

IST DEIN PARTNER EIN ECHTER NARZISST ODER EINFACH NUR EIN IDIOT?

Ich saß in meinem Auto und zitterte vom Regen. Mein Auto war ins Schleudern geraten und ich wartete nun am Straßenrand auf meinen Freund, der mich abholen sollte. Es gab keinen größeren Schaden und ich war unverletzt. Dennoch stand ich etwas unter Schock, da ich von der Straße abgekommen war. Zwei meiner Reifen waren platt und mein Motor wollte nicht anspringen. Ich hatte Glück, dass ich mich bei diesem Wetter auf einer Landstraße befand und kein großer Verkehr herrschte.

Das war jedoch nicht der einzige Grund, warum ich zitterte. Ich hatte auch Angst. Ich hatte zuerst versucht, meinen Vater anzurufen, aber auf seinem Telefon ging direkt die Mailbox an. Meine Mutter war für eine Woche weg und meine Schwester saß im Unterricht. Damit war Michael meine letzte Chance. In gewisser Weise war das gut. Er wollte nie die letzte Option sein, immer nur die erste. Aber ich wusste nie, wie er auf eine Situation reagieren würde, die unangenehm oder chaotisch war.

Wenn du in einer Beziehung mit einem fürsorglichen Mann bist, dem dein Wohlbefinden am Herzen liegt, wäre seine erste Reaktion Besorgnis. Wenn er gerade bei der Arbeit ist, könnte er vielleicht ein wenig durcheinander sein, das ist völlig normal. Nicht so bei mir.

Das Erste, was ich am Telefon hörte, nachdem ich die Situation erklärt hatte, war ein frustrierter Seufzer. Ich konnte die Gedanken in seinem Kopf regelrecht hören. *Warum ist sie nicht vorsichtiger?* und: *Was wird mich das kosten?*

Das hat er nicht gesagt, aber ich kann mir vorstellen, dass er es gedacht hat. Was er wirklich sagte, war: „Das ist wirklich ein schlechtes Timing, aber ich werde so schnell wie möglich da sein." Nicht: „Oh mein Gott. Bist du verletzt?" Ich spürte einen deutlich irritierten Ton in seiner Stimme.

Als er zu mir kam, ging er um das Auto herum, um den Schaden einzuschätzen. Ich stieg aus und sah es mir auch an. Wir haben in seinem Auto gewartet, bis der Abschleppdienst kam, um meinen Wagen abzuholen. Den ganzen Weg nach Hause klagte er darüber, wie verantwortungslos ich sei und was für ein schlechter Fahrer ich sei. Er war wütend, dass ich nun für ein oder zwei Tage ohne Auto sein würde, weil das für ihn eine Belastung war. Ich hätte den Abschleppdienst und ein Taxi rufen können, aber ich hatte das Gefühl, dass er durchgedreht wäre, wenn ich mich nicht an ihn gewendet hätte. Er war zwar genervt, dass ich es getan hatte, aber es wäre für ihn schlimmer gewesen, wenn ich es nicht getan hätte.

Als er später anderen von dem Vorfall erzählte, war er der Held, der mich vor mir selbst gerettet hatte. Ich lachte mit und stimmte zu, dass ich eine schlechte Fahrerin wäre und ein schlechtes Orientierungsvermögen hätte. Im Inneren fühlte ich mich jedoch gedemütigt und war wütend. Es war wirklich keine große Sache. Ich hatte Glück gehabt, dass ich nicht verletzt worden war und der Schaden nicht allzu groß war; ich hatte einen Hirsch nur knapp verfehlt und einen Teil des Geländers durchbrochen. Ich wusste aber, dass ich es jedes Mal von ihm hören würde, wenn es regnen würde oder wenn wir irgendwo hinfahren und ich fragen würde, ob er möchte, dass ich fahre.

Ich bin von Natur aus kein bedürftiger Mensch, und ich habe noch nie auf einen weißen Ritter gewartet, der mich retten soll. Ich war immer stolz darauf, unabhängig und eigenverantwortlich zu sein. Aber es tat mir weh, dass seine erste Reaktion keine Besorgnis um meine Unversehrtheit war. Ich war auch ein wenig traurig darüber und hatte mich damit abgefunden, dass der Vorfall in seinem Kopf zu einem Symbol für all meine Fehler wurde. Die Liste der enttäuschenden Unvollkommenheiten wurde immer länger.

Das war es also, was aus meiner „tollen Beziehung“ geworden war.

Es ist alles in seinem Kopf

Wir alle haben das natürliche Bedürfnis, uns geliebt, begehrt und geborgen zu fühlen. *Der Narzisst ist auch bedürftig, aber es handelt sich um eine andere Art von Bedürftigkeit.*

Diese Männer sind emotionale Vampire, die sich von deiner Energie ernähren. Sie tun alles, um dir zu gefallen, und sie legen dabei ein enormes Tempo zu. Ziel ist es, dich mit Aufmerksamkeit zu überschütten, bis dir schwindlig wird. Sie beginnen mit Komplimenten. Dann kommen Geschenke, Gefälligkeiten und kleine Extravaganzen. Jedoch kommen diese Geschenke und Aufmerksamkeiten mit Berechnung. Sie entspringen einzig und allein ihrer Selbstsucht.

Wenn man mit einem Soziopathen zusammen ist, passiert es irgendwo zwischen der Verliebtheitsphase und der Eingewöhnung in eine Routine, dass alles aus den Fugen gerät und dysfunktional wird. Aber das ist nicht der Anfang. Die Saat des emotionalen Missbrauchs wird viel früher gesät, lange bevor du ihn triffst.

Manche Männer haben eine genetische Prädisposition für narzisstische Tendenzen; andere wachsen in dysfunktionalen Familien auf, die ihre Persönlichkeit und Bedürfnisse prägen. Andere werden durch schlechte Lebenserfahrungen geschädigt. Ich versuche nicht, deinen Kopf mit Psychogeschwätz zu füllen. Ich möchte einfach nur verdeutlichen, dass dieses Verhalten biologisch verwurzelt ist und höchstwahrscheinlich durch Konditionierung verstärkt wird.

Narzissten sind einfach anders verkabelt als der Rest von uns. Es gibt nichts in deinem Verhalten, was ihn dazu veranlasst, sich so zu verhalten. Keine Veränderung in deinem Umgang mit ihm wird ihn ändern.

Er wird schwören, dass du das Schlimmste aus ihm herausholst und dass er noch nie zuvor so war. Es ist die gegenteilige Variante der Art und Weise, wie er dich am Anfang beschrieben hat.

Nicht jeder Mann, der versucht, dich von deinen Füßen zu fegen, sucht nach einem Opfer. Es gibt tatsächlich gute

Männer, die Frauen gerne mit Zuneigung und Aufmerksamkeit überschütten. Und nicht alle Männer, die ein unhöfliches oder gleichgültiges Verhalten aufweisen, sind Narzissten. Manche sind einfach nur Idioten.

Der Begriff „Narzisst" wird häufig überstrapaziert. Ich habe eine gute Freundin, die jeden Mann, der ihr über den Weg läuft, als Narzissten bezeichnet. Ich bin kein Therapeut, aber ich glaube nicht, dass diese Erkrankung so weitverbreitet ist. Schätzungen zufolge sind etwa 6,2 % der Bevölkerung von einer klinischen Diagnose der NPS betroffen, darunter 62 % Männer.

Wie bei vielen anderen Störungen gibt es auch hier Nuancen und Varianten. Es gibt Menschen mit narzisstischen Tendenzen, es gibt klinische Soziopathen, und dann gibt es Wald-und-Wiesen-Idioten ohne jegliche Sozialkompetenz.

Durch das wahllose Etikettieren von Menschen mit dem Begriff „Narzisst" besteht die Gefahr, dass die wahre Bedeutung dieses Wortes verfälscht wird. Ähnliches wird übrigens mit dem Wort „Liebe" gemacht. Eine egoistische und rücksichtslose Person mit einer psychologischen Störung zu beschriften, bietet dieser gewissermaßen eine Rechtfertigung für schlechtes Verhalten. Demzufolge gibt es auch keinerlei Änderungsbedarf.

Es gibt einen Unterschied zwischen selbstbewusstem Verhalten (das gemildert werden kann) und echtem Narzissmus (der veränderungsresistent ist). Narzissten sind oft sehr aufgeschlossen und dynamisch, und sie weisen viele Ähnlichkeiten mit erfolgreichen Menschen auf. Jemand mit einer konfliktreichen narzisstischen Persönlichkeitsstörung hat noch weitere charakteristische Persönlichkeitsmerkmale:

– Er übernimmt keine Verantwortung für sein Verhalten und konzentriert sich stattdessen darauf, die Schuld auf jemand anderen zu schieben.

– Es fällt ihm schwer, mit Konflikten oder Verlusten umzugehen.

– Er kann keine Kompromisse eingehen.

– Er wiederholt – trotz negativer Konsequenzen – immer wieder dieselben Fehlverhaltensmuster.

– Es fehlt ihm an Selbstreflexion und Selbstwahrnehmung.

– Er konzentriert sich auf das Negative.

– Er lenkt jedes Gespräch auf sich selbst, und jede Situation wird aus der Perspektive betrachtet, wie sie sich auf *ihn* auswirkt, selbst wenn sie nichts mit ihm persönlich zu tun hat.

Ein Narzisst spricht die Sprache der Schuldzuweisung.

Beispiele:

„Schau, was ich wegen dir getan habe!“

„Ich wäre nicht wütend, wenn du dich nicht so benehmen würdest.“

„Ich wäre befördert worden, wenn du meine Karriere mehr unterstützt hättest.“

Ist er nun also psychotisch oder einfach nur eingebildet? Jetzt fragst du dich wahrscheinlich, ob es eine Möglichkeit gibt, echtes Werben von einer manipulativen Falle zu unterscheiden. Manchmal muss man sich auf sein Bauchgefühl verlassen. Wenn du das Gefühl hast, dass etwas nicht stimmt, dann ist es wahrscheinlich auch so. Allerdings gibt es einige klare Warnsignale.

Fünf Warnsignale, dass du es mit einem Narzissten zu tun hast

1. Er schätzt dich nicht für das, was du bist.

Viele von uns stellen unseren neuen Geliebten zu Beginn auf den Sockel. Wir lieben alles an ihm, sogar seine nervigen Angewohnheiten. Bei einem Narzissten erfüllt diese Idealisierung dessen Bedürfnis nach jemandem, der seine überzogene Meinung von sich selbst widerspiegelt. Wenn die Scheuklappen dann irgendwann fallen, vermag er dich nicht als das zu sehen, was du bist, und kann dein wahres Selbst nicht schätzen.

Dies löst einen psychologischen Impuls aus, dich zurück in diese Box zu schieben und dich zum Ideal formen zu wollen.

In einer gesunden Beziehung kann dein Partner eure Unterschiede schätzen und deine Erfolge anerkennen. Er ist stolz darauf, dass du befördert wurdest oder ein persönliches Ziel erreicht hast. Ein Narzisst ist nicht in der Lage, mit irgendjemandem oder irgendetwas klarzukommen, das nicht seinem Weltbild entspricht. Er muss das Zentrum von allem sein, und er hat das Gefühl, dass Aufmerksamkeit, die dir zuteilwird, die Aufmerksamkeit von ihm ablenkt. Aufmerksamkeit ist etwas,

was er braucht, um sich anerkannt und geschätzt zu fühlen. Narzissten sehen die Welt begrenzt und eng, und sie stehen im Mittelpunkt.

2. Sein Verhalten stammt von vergangenen Traumata oder negativen Erfahrungen.

Ein Mann, der egoistisch, wütend oder misstrauisch ist, wurde wahrscheinlich in einer früheren Beziehung verletzt. Er befindet sich immer noch in der Heilungsphase und im Rebound. Es ist zwar unfair gegenüber der neuen Partnerin, aber letztendlich wird er wieder lernen, zu lieben und zu vertrauen. Bei einem Narzissten sind diese Wunden tief und entstehen bereits im Kindesalter, meist durch Vernachlässigung oder Missbrauch.

Das war in meiner Situation der Fall. Seine Eltern ließen sich wegen häuslicher Gewalt scheiden, als er noch sehr jung war. Seine Mutter wurde vor seinen Augen missbraucht und er selbst wurde körperlich und emotional schwer misshandelt. In Anbetracht dessen gestand ich ihm einiges zu. Ich dachte, das Problem sei, dass er noch nie eine stabile, emotional gesunde Umgebung hatte. Alles, was ich tun müsste, wäre, ihm bedingungslose Liebe zu zeigen, und alles würde gut werden.

„Wenn ich ihn nur genug liebe, kann ich ihn heilen und ihn wieder in Ordnung bringen.“ Das ist ein Fehler, den viele Frauen machen, insbesondere Empathen. Narzissten nutzen diese Tendenz und das Ideal der bedingungslosen Liebe aus.

Manchmal stammt die Überzeugung eines Narzissten, dass er das Wichtigste auf der Welt sei, von zu nachsichtigen Eltern, die ihn zum Zentrum ihres Universums gemacht haben.

Dadurch wächst er mit einem Anspruchsdenken auf, das extreme Ausmaße annehmen kann. Wenn du ihn nicht zum Zentrum der Welt machst, so wie er es für sich beansprucht, wird er deine absolute Ergebenheit und Aufmerksamkeit durch seine Manipulation erzwingen und dein Leben zur Hölle machen.

3. Er hat das Bedürfnis, Menschen gegeneinander auszuspielen.

Narzissten lieben Harems. Sie konstruieren sie aus verschiedenen Menschen, die immer wieder neue Rollen spielen und bei denen sich alles um ihn dreht. Meistens ist da die neue Liebe, die alte Liebe, der Sündenbock, der Hintermann und der Komplize. Du kannst zu verschiedenen Zeiten jede dieser Figuren sein. Er wird sich daran laben, die Dynamik durch Manipulation zu gestalten und zuzuschauen, wie sich das Chaos entfaltet. Es verleiht ihm ein Gefühl von Macht und Kontrolle, als wäre er ein Gott in seiner kleinen, selbst erschaffenen Welt.

Ich erinnere mich, dass mein Freund einmal tatsächlich so etwas gesagt hat. Es war an meinem Geburtstag, als meine Freundin meine Tarotkarten lesen wollte, um zu sehen, was das kommende Jahr bringen könnte. Er wurde sehr wütend deswegen. Ich habe mir nichts daraus gemacht, schließlich dachte ich nicht, dass er es ernst meinte. Meine Freundin war nervös, weil sie ihn noch nie so aggressiv gesehen hatte. Sie sagte: „Es ist nur zum Spaß."

Er streckte seine Faust aus, als hätte er etwas in der Hand, und sagte: „Siehst du das? Das ist meine Welt. Misch dich da nicht ein." Dachte er ernsthaft, dass sie die Teufelskarte rausziehen und sein Name da draufstehen würde? Dass es zu einer plötzlichen Erleuchtung kommen würde und ich ihn verlassen würde?

Ein emotional unreifer oder unverbindlicher Mann könnte dich auf Distanz halten, weil er sich immer noch in der lockeren Dating-Phase befindet und sich mehrere Optionen offenhalten will. Er könnte auch nur ein Player sein, der sich irgendwann niederlassen wird. Es könnte aber auch sein, dass dieser Mann verletzt wurde und nun Angst hat, sich emotional zu exponieren.

Alle diese Situationen sind in der Regel nur vorübergehender Natur. Menschen, die verletzt wurden, genesen und ziehen irgendwann weiter; Player werden irgendwann selbst ausgetrickst; und unreife Männer werden erwachsen und lernen, wie man eine erwachsene Beziehung führt.

Narzissten sind dagegen nicht in der Lage, echte Gefühle zu entwickeln. Wenn sie mit jemandem zusammen sind, dann nur, weil diese Person eines ihrer emotionalen Bedürfnisse erfüllt. Das hat nichts mit echter Zuneigung oder selbstloser Liebe zu tun. Sie genießen es auch, einen Keil zwischen die Menschen in ihrem Umfeld zu treiben und Eifersucht zu erzeugen. Nichts verleiht einem Narzissten ein größeres Machtgefühl, als zwei Frauen, Freunde oder Familienmitglieder um seine Aufmerksamkeit kämpfen zu lassen. Auf diese Weise hält er diese Menschen auf emotionaler Distanz und füttert gleichzeitig sein Ego.

4. Er ist voller Sadismus und Wut.

Wenn ein Mann wirklich nur emotional unerreichbar ist, wird

er Menschen nur selten mit Absicht verletzen. Er kann ihnen zwar Schmerz zufügen, aber er bereut es, übernimmt Verantwortung und versucht, es wiedergutzumachen. Selbst Männer, die Frauen benutzen, um zu bekommen, was sie wollen – sei es Sex, Geld oder ein Ego-Boost –, werden aufhören und zurücktreten, sobald sie merken, dass sie jemanden ernsthaft verletzen oder missbrauchen. Das macht es zwar nicht besser, aber zumindest sind sie an einem gewissen Punkt zur Selbstwahrnehmung fähig. Es mag egoistisch sein, aber es geschieht selten mit Absicht. Sie können Schuld- oder Schamgefühle haben und es wiedergutmachen oder aber weitermachen. Je früher das passiert, umso besser für dich.

Da der Narzisst nicht in der Lage ist, Mitgefühl zu empfinden, kann er nicht verstehen, dass sein Verhalten jemanden verletzt. Wenn doch, dann genießt er es wahrscheinlich. Trauer oder Schmerz zu verursachen, nährt sein Bedürfnis nach Kontrolle. „Ich kann dich verletzen. Ich kann dich zum Weinen bringen. So mächtig bin ich."

Wenn das Hauptopfer seines Sadismus endlich die Nase voll hat und ihn verlässt, ist ihm das egal. Er wird einfach ein neues glitzerndes Objekt finden oder die Beziehung mit einer seiner Ex-Freundinnen wieder aufwärmen und den Zyklus erneut starten.

Das bringt uns zum nächsten Warnsignal:

5. Er lebt in einem Zyklus der Idealisierung, Entwertung und Verwerfung von Menschen, sobald sie keinen Zweck mehr erfüllen.

Wir alle kennen diese Paare, die sich immer wieder trennen,

versöhnen, streiten und wieder trennen. So amüsant es für Unbeteiligte und Freunde manchmal auch sein mag, ist es auch nervtötend. Das sind die Freundinnen, die an deiner Schulter weinen, weil er so rücksichtslos war und fünfzehn Minuten zu spät gekommen ist oder ihr etwas Schönes gekauft hat, aber nicht das, was sie wollte. Wir lächeln etwas müde und sind nachsichtig, weil wir wissen, dass es aus Unreife kommt und dass sie sich morgen wieder versöhnen werden.

Der narzisstische Zyklus ist schädlicher und hat dauerhafte Folgen. Wenn ein Mann ein bösartiger Narzisst ist, wird er gezielt nach Opfern suchen, um sie zu präparieren. Er wird das Opfer idealisieren, mit Zuneigung überschütten und konditionieren, bis es sich unterwirft. Dann wird er es auf eine schmerzhafte Weise entwerten, oft zu seinem eigenen Spaß und Vergnügen. Wenn ihm das langweilig wird, wird er es loswerden und zum nächsten Opfer übergehen. Sollte das Objekt seiner Missachtung zuerst gehen, wird er den Zyklus erneut starten: das Opfer zurückholen, entwerten und wieder verwerfen. Es ist ein krankes Spiel.

Verdeckte Narzissten oder solche, die niedriger auf der Skala der Toxizität stehen, können sogar nicht existente Attribute auf die neue Liebschaft projizieren. Oft beginnen sie eine Beziehung mit guten Absichten und werden enttäuscht, wenn die neue Liebschaft ihren übertriebenen, unrealistischen Erwartungen nicht gerecht wird. Die Entwertung resultiert aus dem Versuch, diese Person in das ursprüngliche Bild zurückzuformen, was natürlich nicht möglich ist. Dies verursacht Frust und Feindseligkeit, weil du es nicht geschafft hast, den Erwartungen entsprechend zu handeln oder zu reagieren. Der Kreislauf wiederholt sich, bis die andere Person völlig zusammenbricht.

Wenn ein Mann einfach nur emotional unerreichbar ist, sei es aufgrund seiner Unreife oder weil er sich in der Erholungsphase befindet, wird er irgendwann begreifen, dass er dich verletzt, und sich zurückziehen. Er könnte sogar versuchen, alles wiedergutzumachen, weil ihm sein Verhalten leidtut. Aber einem Narzissten entkommt niemand unversehrt.

Narzissten werden meist von Angst angetrieben, und sie projizieren diese Angst auf andere Menschen in ihrem Leben. Dabei geht es uns nicht so sehr um die Frage, warum er sich so verhält, sondern vielmehr darum, wie sich sein Verhalten auf die Menschen in seiner Umgebung auswirkt; vor allem auf den Partner, den Hauptleidtragenden seines Missbrauchs. Narzissten haben Angst davor, ignoriert zu werden, also tun sie alles, was nötig ist, um sich selbst in den Mittelpunkt zu stellen.

Dies kann sich in Form von Überbietung manifestieren. Was auch immer dir passiert, er hat eine Geschichte, die das noch toppen kann. Du hattest einen schlechten Tag? Das ist nichts im Vergleich zu seinem. Du hast dir einen Muskel gezerrt? Einem fürsorglichen Mann wird es leidtun, dass du verletzt bist, und er wird fragen, ob er etwas tun kann, um dir zu helfen; der Narzisst wird sauer werden, weil du sein Mitleid willst.

Im Extremfall führt das zu Schuldzuweisungen. Wenn ihm irgendetwas nicht gelingt, liegt das daran, dass eine andere Person oder eine externe Kraft es verhindert hat. Narzissten sind nie für ihr Verhalten oder ihre Lebensumstände verantwortlich. Ironischerweise erwarten sie von anderen, die Verantwortung zu übernehmen. Dies ist eine Form der Projektion. Jede ihrer eigenen negativen Eigenschaften oder Angewohnheiten wird auf andere projiziert. Er ist kein Lügner, *du* bist es. Er ist nicht eifersüchtig und unsicher, *du* bist es.

So wie er dich am Anfang idealisieren wird, indem er gute Eigenschaften auf dich projiziert, die du vielleicht besitzt oder auch nicht, wird er auch seine schlechten Eigenschaften auf dich projizieren, wenn du es nicht schaffst, seinen Erwartungen gerecht zu werden. Sobald die Flitterwochen-Phase einer Beziehung vorbei ist, ist es normal, sich zu entspannen und ein bisschen mehr sein wahres Selbst zu sein. Du verbringst nicht mehr Stunden damit, dich für ein Date fertig zu machen, und entscheidest dich einfach für einen lockereren Look. Für ihn wird das aber bedeuten, dass dir dein Aussehen egal ist, was ihn dann auch zu dem Schluss bringen wird, dass dir seine Meinung zu deinem Aussehen egal ist.

Da ein Narzisst Angst davor hat, ausgeschaltet oder entlarvt zu werden, wird er lügen, um sich selbst besser oder dich schlechter dastehen zu lassen. Was auch immer du zu tun in der Lage bist, er kann es besser. Er hat es immer bereits besser getan, selbst wenn er dafür eine Geschichte erfinden muss. Er will immer imposant und erfolgreich wirken. Oft streben Narzissten nach beruflichem Erfolg, da sie den Verlust der Kontrolle fürchten, mehr als finanzielle Verluste.

Eine weitere typische Angst ist die Angst vor dem Verlassenwerden. Hier beginnt die rührselige Geschichte darüber, wie alle ihn verlassen haben. In den Anfangsphasen wird er dir diese Geschichte erzählen, um dein Mitleid zu wecken und dich an sich zu binden. Dann wird er immer wieder die Vergewisserung brauchen, dass du nicht wie alle anderen bist. Sein Verhalten ist manchmal wie ein Test. Du musst ihm beweisen, dass du bis zum Schluss dabei sein wirst, egal wie grausam sein Verhalten auch sein mag.

Das führt auch zu einer weiteren häufigen Angst: der Angst,

dominiert zu werden. Da in seinem Kopf Dominanz mit Kontrolle gleichgesetzt wird, wird er andere dominieren, um sie zu kontrollieren. Die Angst vor dem Verlassenwerden verursacht ein herrschsüchtiges Verhalten, mit dem er dich in seinem Leben behalten möchte. Wenn er dich nicht emotional kontrollieren kann, wird er versuchen, dich einzuschüchtern. Dies kann im Extremfall zu körperlichem Missbrauch führen. Und das solltest du von keinem Mann tolerieren.

Männer, die emotional unreif oder unerreichbar sind, können sich mit zunehmender Selbstwahrnehmung mit der Zeit bessern. Sie sind nicht alle hoffnungslose Fälle. Ein Mann, der klinisch chronisch narzisstisch ist, handelt aus reinem Ego. Narzissmus ist ein klinischer Zustand, der nicht weggewünscht oder weggeliebt werden kann. Männer, die niedrig auf der NPS-Skala stehen, können sich durch eine Therapie bessern, aber das ist nicht dein Job.

Es dauerte lange, bis mir klar wurde, dass die Hilfe, die er benötigte, mehr war, als ich fähig oder qualifiziert zu geben war.

Wenn du aus dieser ganzen Sache nichts mitnimmst, solltest du nur eines wissen: Du bist nicht für sein Verhalten verantwortlich. Du hast nur die Kontrolle darüber, wie du reagierst oder beschließt, nicht zu reagieren.

Inzwischen solltest du eine genauere Vorstellung davon haben, ob dein Partner ein Narzisst ist oder nicht. Wie geht es nun weiter?

Die Szenen, von denen ich dir erzählt habe, sind keine Einzelfälle. Sie indizieren ein Verhaltensmuster, das sich schrittweise entwickelt. Es beginnt mit einem Blitz und einem Knall und verschmilzt mit der Zeit in Angst und Zorn. Meine Beziehung endete viel später, als sie es hätte tun sollen, sodass ich die Scherben aufsammeln und von vorn anfangen musste.

Ich hatte kein Zuhause, keinen Job und keine Unterstützung. All die Menschen, die mir nahegestanden hatten, hatten sich mir völlig entfremdet und waren von mir weggestoßen worden. Es dauerte lange, bis ich diese Beziehungen wieder repariert und Vertrauen zurückgewonnen hatte; sowohl ihr Vertrauen in mich als auch mein Vertrauen in mich selbst.

Im Nachhinein kann ich die Muster und charakteristischen Kennzeichen einer narzisstischen Beziehung glasklar sehen. Vielleicht wirst du die folgenden Szenen in deiner eigenen Beziehung wiedererkennen und früher als ich mit unversehrter Würde davonkommen.

KAPITEL 5

KOMMT DIR DAS BEKANNT VOR? SZENEN AUS EINER CO-ABHÄNGIGEN BEZIEHUNG

Ich lag auf einem Bett in einem billigen Motel, starrte an die Decke und weinte. Ich war emotional und körperlich total erschöpft, aber ich konnte nicht schlafen. Wir waren gerade aus unserer Wohnung – meiner Wohnung – rausgeschmissen worden, weil die Nachbarn den Lärm vom Streiten satthatten. Diesmal war es so laut gewesen, dass die Polizei kam, gefolgt vom Vermieter. Mein Freund war zu einem Kumpel gegangen, und ich hätte eigentlich mitkommen sollen. Der Plan war, dass wir dort bleiben würden, bis wir eine Lösung gefunden hätten. Ich sagte ihm, dass ich ein paar meiner Sachen holen gehen würde; stattdessen nahm ich mir ein Zimmer in einem abgelegenen Motel. Ich dachte, dies wäre ein guter Zeitpunkt, um abzuhauen. Ich hatte nicht vor, wieder zu ihm zurückzukehren.

Wie hatte es so weit kommen können?

Das ist eine gute Frage. Die Antwort ist lang und kompliziert, und ich habe lange gebraucht, um sie zu finden.

Ich hoffe, dir durch mein Beispiel helfen zu können, indem ich dir ein bisschen von meinem Leben und meiner Vergangenheit erzähle, sodass du die Muster und charakteristischen Kennzeichen einer narzisstischen Beziehung erkennst sowie auch die spezifischen Eigenschaften, die dich für diese Art von Psychospiel anfälliger machen. Ich möchte, dass du weißt, dass ich aus einer Perspektive der Selbstwahrnehmung spreche, nicht der Schuldfrage. Du bist in keiner Weise verantwortlich für das, was dir passiert ist.

Die stärksten und intelligentesten Frauen sind diejenigen, die am härtesten fallen. Du bist eine Überlebende, kein Opfer.

Die meisten Menschen sehnen sich danach, einen Partner fürs Leben zu finden. Viele von uns verbringen die ersten Dating-Jahre in dem Glauben und in der Hoffnung, dass jeder neue Mann der „Richtige" sein wird. Wenn wir eine neue Beziehung beginnen, ist Zweisamkeit die Regel. Es ist natürlich und normal, so viel Zeit wie möglich miteinander verbringen zu wollen, weil man sich gerade erst kennenlernt und sich bei der anderen Person wie im siebten Himmel fühlt.

Du zeigst dich von deiner Schokoladenseite und machst dich immer für ihn schön, weil du möchtest, dass er dich mag. Zu diesem Zeitpunkt wärst du entsetzt, wenn er dich ohne Make-up oder in deiner alten Jogginghose sehen würde.

Diese Liebesgeschichten beginnen wie die typische Hollywoodgeschichte von einer alles verzehrenden Liebe, die über alles siegt. Allerdings kommt es am Ende zu einer Wendung, die selbst M. Night Shyamalan in Schimpf und Schande bringen würde. Mit dem Narzissten verwandelt sich das Hollywoodmärchen in einen Horrorfilm, bevor du weißt, wie dir geschieht. „Ich wüsste nicht, was ich tun würde, wenn ich dich verlieren würde“ wird schon bald zu „Wo warst du? Ich habe fünfmal versucht, dich anzurufen, und dir zwanzig SMS geschickt.“ Nichts außer dein Tod oder dein Koma würde es rechtfertigen, dass du seinen Anruf oder seine Nachricht nicht sofort beantwortet hast.

Gesunde Paare versuchen nach der Flitterwochen-Phase, ein wenig Individualität zurückzuerlangen und gleichzeitig Platz für Kompromisse zu schaffen, die sich daraus ergeben, dass man jemanden zu einem wichtigen Teil seines Lebens werden lässt. Hier gerät der Narzisst in Panik. Sobald du dich von ihm distanziert hast, löst das zwei Ängste in ihm aus: die Angst, dass er die Kontrolle verloren hat, und die Angst vor dem Verlassenwerden. Alles oder jeder, der seine egozentrische Denkweise gefährdet, indem er deine Zeit und deine Aufmerksamkeit beansprucht und diese ihm somit „wegnimmt“, ist sein Feind. Wie ich bereits erwähnt habe, lieben es diese Männer, die Schuld auf andere zu schieben.

Sie werden versuchen, dich von anderen Menschen zu isolieren, indem sie sie entweder auf irgendeine Weise schlechtmachen oder sich mit ihnen verbünden, um dich zu demütigen. Meine Mitbewohnerin wurde Opfer der ersten Attacke; meine Familie der zweiten.

Genau genommen war meine Mitbewohnerin das erste Opfer. Wie gesagt, Zweisamkeit ist das Markenzeichen der Flitterwochen-Phase, und jede Minute, die wir nicht in der Arbeit waren, waren wir zusammen. Nachdem es intim wurde, fing er an, bei mir zu übernachten. Er hatte eine typische Junggesellenbude mit drei Mitbewohnern, sodass es in meiner Wohnung angenehmer war, weil wir da mehr Privatsphäre hatten.

Eines Tages hatte meine Mitbewohnerin es satt, dass er ständig bei mir war. Sie sagte, dass er bei uns ein und aus ging und all die Vorzüge genieße, ohne sich an irgendwelchen Kosten zu beteiligen. Er meinte, sie sei nur eifersüchtig, weil sie niemanden habe. Das nahm sie ihm übel.

Aus Groll wurde bald offene Feindseligkeit. Wir sprachen immer weniger miteinander, und ich merkte es noch nicht einmal, weil ich zu sehr mit ihm beschäftigt war. Ungefähr drei Wochen nach diesem ersten Krach kam ich von der Arbeit nach Hause und sah, dass alle ihre Sachen weg waren. Er saß auf der Couch und löffelte aus einem Schälchen Eiscreme.

„Deb ist ausgezogen."

Als er meinen verblüfften Gesichtsausdruck sah, fügte er noch schnell hinzu: „Es ist alles okay. Wir haben uns wieder vertragen. Ich habe ihr sogar beim Umzug geholfen."

Statt dass mich seine Worte beruhigten, fühlte ich mich irgendwie unwohl. Sein Gesichtsausdruck gefiel mir nicht. Um mich abzulenken, führte er mich in die Küche und zeigte mir das tolle Abendessen, das er zubereitet hatte. Ich setzte mich hin und schon bald setzte die Routine ein und wir machten einen auf Familie.

Da wurden die Risse zu tiefen Spalten.

Es ist nicht einfach, sich an dieses Niveau alltäglicher Intimität zu gewöhnen. Das Zusammenleben unter einem Dach ist kein gelegentliches Übernachten oder Zusammensein am Wochenende. Für die meisten Paare bedeutet dies eine große Umstellung. Beide Partner haben ihre feste Routine, an die sie gewohnt sind, und jetzt müssen sie diese anpassen, um Platz für jemand anderen zu schaffen. Ich hatte zuvor noch nie mit jemandem zusammengelebt, abgesehen von meiner Ex-Mitbewohnerin und meiner Familie; er hatte da ein wenig mehr Erfahrung als ich.

Der erste Vorfall war das eine Mal, als ich zu lange zur Drogerie hin- und zurückbrauchte. Danach fing ich an, mein Verhalten zu ändern, um es ihm recht zu machen; allerdings war mir damals nicht bewusst, dass ich das tat. Ich wurde übertrieben rücksichtsvoll, informierte ihn über jede Minute meines Zeitplans und passte gut auf, nicht davon abzuweichen. Erst nach diesem Vorfall fing er an, mir mehr über sein Leben und seine Kindheit zu erzählen. Diese Geschichten waren so entsetzlich, dass sie meine Mutterinstinkte weckten. Ich wollte ihn einfach nur die ganze Zeit in den Armen halten und ihm sagen, dass alles in Ordnung war, dass ich hier war und ich nirgendwo hingehen würde.

Damit „etablierte" ich ein Verhaltensmuster, das zu einem immer wiederkehrenden Konfliktmuster wurde. Jedes Mal, wenn wir uns gestritten hatten, zog ich mich erst einmal zurück, um dann gefasst und gestärkt wiederzukommen und das Problem in Ruhe anzugehen. Sein Verhaltensmuster war das genaue Gegenteil: Er schrie mich bis zur Unterwerfung an und hörte erst auf, wenn ich mit ihm einverstanden war. Solange ich seiner Meinung war, war alles in Ordnung.

Die zweite Methode, mich zu isolieren, bestand darin, sich zwischen mich und meine Familie zu stellen. Es begann mit diesem alten Trick, ihnen zuzustimmen, wenn mich eines meiner Familienmitglieder kritisierte, aber der Schuss ging nach hinten los. Über mein chronisches Zuspätkommen (das kritisierte mein Vater) oder über mein Nägelkauen (das nervte meine Mutter) zu spotten, mochte anfangs noch ganz lustig sein. Nach einer Weile aber wurden meine Eltern defensiv und verteidigten mich.

Zu diesem Zeitpunkt fing er auch an, einen Keil zwischen mich und meine Schwester zu treiben, indem er ihr besondere Aufmerksamkeit schenkte und gleichzeitig Andeutungen machte, dass meine Eltern sie mehr mögen würden. Ein Jahr später machte mir mein Vater klar: Er wolle ihn nicht in seinem Haus haben; ich sei jederzeit willkommen, er aber nicht.

Ich verteidigte ihn und rechtfertigte sein Verhalten. Das letzte Jahr, das wir zusammen waren, sah ich meine Eltern und meine Schwester kaum. Er entfremdete mir meine Freunde so sehr, dass sie immer seltener zu Besuch kamen; einige kamen überhaupt nicht mehr. Seine Freunde waren hingegen die ganze Zeit da, oder er war mit ihnen unterwegs. Wenn ich mich darüber beschwerte, war ich „unsicher" und „bedürftig". Habe ich versucht, mich mit einem seiner Kumpels anzufreunden, wollte ich insgeheim mit ihm schlafen. Als ich versuchte, mit seiner Mutter oder Schwester ein freundschaftliches Verhältnis aufzubauen, sagte er mir, dass sie mich nicht mögen würden, dass ihnen seine Ex-Freundin besser gefallen habe. In meinen Augen wurde das durch die Tatsache bestätigt, dass seine Ex und seine Schwester enge Freundinnen waren.

Außenstehende zeigen sich zurückhaltend und möchten ungern in Ärger hineingezogen werden oder einer Freundin helfen, die immer wegen desselben Idioten heult. Ich war isoliert und wurde einsam. Zum Krach mit meinen Eltern kam es, als er ihnen sagte, er sei die einzige Person, die mich wirklich liebe, und dass er niemals zu mir sagen würde, dass ich nicht willkommen sei. Ich hatte ihm nie gesagt, dass er das Problem mit meinen Eltern war.

Wenn du in einer Beziehung mit einem Peiniger bist, wird es dein oberstes Ziel sein, das Boot friedlich auf stillen Gewässern segeln zu lassen. Das Problem ist, dass die Gewässer nie friedlich und still sind, zumindest nicht für lange Zeit. Der Narzisst lebt vom Chaos und ist schnell gelangweilt.

Es ist schwierig zu beschreiben, was mit deiner Denkweise passiert, wenn du in einer Beziehung mit einer missbräuchlichen, kontrollsüchtigen Person bist. Jeder, der es selbst erlebt, kann es verstehen und nachempfinden. Aber man braucht Zeit und Abstand, um sehen zu können, wie und ab wann alles schiefgegangen ist.

Die meisten von uns sind sich ihrer eigenen Fehler bewusst. Sie sind dort, wo sich unsere Unsicherheiten zeigen. Ein Peiniger wird sie aufgreifen, sei es durch Andeutungen oder Aussagen, die du machst, und deine Unsicherheiten verstärken.

Wenn du dir zu viele Gedanken über dein Gewicht machst, wird er deine Essgewohnheiten kritisieren oder bemängeln, dass du dich nicht genug bewegst. Zeige keine Eifersucht oder Unsicherheit bezüglich seiner Ex, sonst wird er alles geben, um dich auf eine Art und Weise mit ihr zu vergleichen, dass du dich noch schlimmer fühlst. Er könnte sogar anfangen, wieder mit ihr zu reden oder Zeit mit ihr zu verbringen. Viele Ex-Freundinnen werden zu Komplizen oder Hintermännern. Er wird versuchen, dich davon zu überzeugen, dass ihr Freundinnen werden solltet, und dich als unreif bezeichnen, wenn du das für keine gute Idee hältst. Ihm ein Ultimatum zu stellen, wird genau das Richtige für seine Bedürfnisse sein.

Einzeln betrachtet, mögen all diese „Stolpersteine“ leicht zu überwinden sein. Wenn die Entwertung jedoch systematisch und kontinuierlich erfolgt, wird dein Selbstwertgefühl langsam, aber stetig geschwächt. Im Ernstfall kann es zum narzisstischen Opfersyndrom (NOS) kommen.

Was ist NOS?

NOS ist ein Zustand, der sich bei Partnern (meist bei Frauen) entwickelt, die systematischem Gaslighting, Entwertung, Beleidigungen, Projektion und anderen Formen von emotionalem Missbrauch ausgesetzt sind, entweder offen oder in Form von passiv-aggressivem Verhalten.

Laut Definition der NOS-Netzwerk-Website ist NOS:

„Ein unsichtbarer Anschlag auf den Geist, die Identität und die Psyche des Opfers. Der Effekt ist kumulativ, und seine volle Wirkung ist erst spürbar, wenn der Schaden gewaltig ist.“

Es fühlt sich so an, als würde man Stück für Stück ausgelöscht werden.

Leider behandeln die meisten Therapeuten den Täter nur dann, wenn er selbstreflektiert genug ist, um eine Therapie zu beginnen, oder wenn er vom Gericht oder seinem Arbeitgeber dazu gezwungen wird. Die Betroffenen dieser Art von Missbrauch werden nur dann diagnostiziert, wenn sie selbst zur Therapie gehen. Menschen mit NOS machen jedoch selten eine Therapie, weil sie denken, dass sie sie es haben. Sie machen sie meist nur wegen der Auswirkungen von NOS, wie z. B. Depressionen, Angstzuständen, Panikattacken und anderer emotionaler Probleme.

Hoffentlich ist es bei dir noch nicht so weit. Falls du dich in irgendetwas von dem, was du bis hierher gelesen hast, selbst erkennen kannst, hoffe ich, dir den Mut geben zu können, etwas dagegen zu unternehmen.

Ich habe keine Therapie gemacht, nachdem ich diesen Kerl endlich losgeworden bin. Ich sah das Ganze zunächst als eine normale Trennung an. Die Therapie kam erst Jahre später, nachdem ich Opfer eines Gewaltverbrechens wurde und professionelle Hilfe suchen musste, um damit klarzukommen. Meine offizielle Diagnose ist K-PTBS (komplexe posttraumatische Belastungsstörung). Die Therapie und die Unterstützung anderer Menschen, die sich in ähnlichen Situationen befanden, haben zu vielen Durchbrüchen und Erkenntnissen geführt, die ich jetzt mit dir teilen möchte.

Es gibt elf klassische Anzeichen dafür, dass du möglicherweise unter einer Form von NOS leidest.

1. Dissoziation wird zu deinem Überlebensmechanismus.

Dein Verstand wird nach Möglichkeiten suchen, Gefühle und Emotionen auszublenden, um nicht mit dem Trauma konfrontiert zu werden. Du wirst dich meist durch zwanghafte oder sinnlose Aktivitäten von Gedanken und Gefühlen distanzieren. Früher habe ich stundenlang nachts auf meinem Computer Mahjong gespielt, um Panikattacken zu verhindern.

Du könntest vom Trainieren besessen werden, eine Sucht entwickeln oder dich auf einen berühmten Star oder eine TV-Show fixieren, während du dich gleichzeitig von jeglichen sozialen Aktivitäten zurückziehst. Es ist auch durchaus üblich, Wut oder Trauer in sich zu begraben und Beschäftigungen oder Gedanken zu meiden, die dich an den Peiniger erinnern. Du wirst gefühlstaub und roboterhaft.

2. Du gehst wie auf Eiern.

Das ist üblich, während du dich in der Situation befindest, weil du keinen verbalen Angriff auslösen möchtest. Allerdings wirst du auch feststellen, dass es nichts bringt, weil die emotionalen Attacken und das Gaslighting weitergehen. Manchmal kann es dadurch sogar noch schlimmer werden, da der Täter keine Reaktion herausprovozieren kann. In dem verzweifelten Bemühen, den Missbrauch zu stoppen, versuchst du permanent, dein Verhalten anzupassen. Die Gefühle von Angst und Nervosität werden auch dann noch bestehen bleiben, wenn du aus der Situation raus bist, weil sie Teil deines Umgangs mit Konflikten werden.

3. Deine eigenen Wünsche und Bedürfnisse werden zur Nebensache.

Das kann selbst den anspruchsvollsten und erfolgreichsten Frauen passieren. Am Anfang macht der Narzisst dich zum Zentrum seiner Welt. Durch seine Manipulation beginnt sich der Fokus zu verschieben, bis sich alles in deinem Leben um ihn dreht. Deine Ziele, Träume und andere Beziehungen werden dadurch beeinträchtigt.

Erst als ich wegen meiner Beziehung mein Zuhause verlor – meine erste eigene Wohnung, auf die ich so stolz war und die ich mehr als alles andere liebte –, kam ich aus der Sache raus. Zu diesem Zeitpunkt waren mein Job, meine Familie und viele meiner Freunde bereits in den Hintergrund geraten.

4. Du bekommst gesundheitliche Probleme.

Dass Stress zu Krankheiten führen kann, ist kein Geheimnis. Er schwächt das Immunsystem und macht dich anfälliger für chronische Krankheiten. Wenn das psychologische Trauma zu lange andauert oder von der Art her extrem ist, wird sich das schließlich auf deine Gesundheit auswirken. Hast du Schlafstörungen, Konzentrationsprobleme oder Gedächtnisstörungen? Fühlst du dich erschöpft oder hast du Probleme, Erkältungen loszuwerden? Viele der körperlichen Beschwerden können jahrelang andauern und deine Gesundheit langfristig beeinträchtigen, was zu Herzproblemen und anderen Krankheiten führen kann.

5. Du verlierst das Vertrauen.

Konstante Lügen, Gaslighting und Projektion können deine Realitätswahrnehmung trüben und deine Fähigkeit, Menschen zu vertrauen, zerstören. Du fängst an, jedermanns Motive zu verdächtigen, und fürchtest ihre Absichten. Das macht es schwieriger, Menschen kennenzulernen und Beziehungen jeglicher Art aufzubauen. Ich wurde sehr zynisch und machte automatisch dicht, sobald mir Männer Komplimente machten oder versuchten, mit mir zu flirten.

6. Du fängst an, Suizidgedanken zu haben und/oder destruktive Tendenzen zu entwickeln.

Sobald du anfängst zu glauben, dass die Situation nie ein Ende finden wird, treten Depressionen und Ängste auf. Je länger du in dieser Situation verbleibst, desto stärker werden diese Gefühle. Es gibt keine andere Lösung, als aus der Beziehung auszubrechen. Bleibt man in einer so ungesunden Situation, wird sich der Zustand selbst mit einer Therapie nicht verbessern.

Dies führt nicht zwangsläufig zu Suizidversuchen, erhöht aber das Risiko einer Eskalation. Es kann sich auch in Form von selbstverletzenden Tendenzen manifestieren, wie z. B. Ritzen, Abhängigkeiten oder anderen destruktiven Verhaltensweisen. Mir wurde klar, dass ich an einem Punkt angelangt war, an dem ich das Gefühl hatte, dass wenn das Schicksal nicht eingreift, es keinen anderen Ausweg mehr gibt. Ich war traurig, dass ich mein Zuhause verloren hatte, aber letztendlich war das der Grund, der mich schließlich dazu bewegt hat, aus der ganzen Sache herauszukommen und wieder gesund zu werden. Ich weiß nicht, wo ich heute wäre, wenn das nicht passiert wäre.

7. Du isolierst dich.

Die Isolation wird zwar in der Regel vom Peiniger initiiert, Opfer isolieren sich aber oft zusätzlich von Unterstützungssystemen, meist aus Scham und Schuldgefühlen. Sie tun es auch, um die Menschen, die ihnen wichtig sind, vor dem Peiniger zu schützen.

Auch die Invalidierung von Opfern seitens der Gesellschaft, der Angehörigen, der Therapeuten und der Justiz ist keine Seltenheit. Da emotionaler Missbrauch keine körperlichen Narben hinterlässt, wird er oft ignoriert oder heruntergespielt. Du kannst keine Anzeige erstatten, nur weil jemand gemein zu dir ist. Freunde und Familie werden sagen: „Warum verlässt du ihn nicht einfach?“ Nur wenige Menschen, die es nicht selbst erlebt haben, können verstehen, wie destruktiv und dauerhaft die Folgen emotionalen Missbrauchs sein können. Möglicherweise wirst du es sogar selbst herunterspielen; der Peiniger wird es auf jeden Fall tun. Früher meinte er immer zu mir: „Ich habe dich ja nicht geschlagen“ oder: „Ich müsste dir nicht die ganze Zeit auf die Nerven gehen, wenn du nicht so chaotisch wärst. Nicht einmal deine eigene Familie will dich bei sich haben.“

8. Du fängst an, dir selbst die Schuld für den Missbrauch zu geben.

Wenn dir fast täglich immer wieder gesagt wird, wie fett, faul, unorganisiert oder unerträglich du bist, fängst du an, es zu glauben. Der Peiniger wird dich zu deinen Ungunsten offen mit anderen Frauen vergleichen. Er wird dich davon überzeugen, dass er vielleicht nicht so wütend wäre, wenn du einfach mehr so wärst wie am Anfang oder intelligenter oder größer oder mehr so und so... Infolgedessen versuchst du dich zu ändern, um „annehmbarer“ zu werden und damit den Missbrauch zu stoppen. Natürlich funktioniert das nicht. Du kannst nie die Perfektion erreichen, die der Narzisst sucht, weil sie nicht existiert.

Eure Beziehung mit anderen, glücklicheren Pärchen zu vergleichen, ist eine weitere Facette. Du sehnst dich nach einer Beziehung, wie du sie aus den Filmen, Büchern oder von deinen Eltern kennst. Das führt dazu, dass du noch mehr Schuldgefühle hast, dich unzulänglich fühlst, depressiv wirst und dich noch mehr von anderen isolierst.

9. Du fängst an, dich selbst zu sabotieren und zu zerstören.

Zu den Schuldgefühlen kommt die immer präsente Stimme des Peinigers hinzu, die diese negative Meinung noch verstärkt. Du wirst ängstlich und nervös, was zu Fehlern führt. Jeder wahrgenommene Misserfolg verstärkt das geringe Selbstwertgefühl. Du verwandelst dich in eine sich selbst erfüllende Prophezeiung.

Diese Denkweise führte letztendlich dazu, dass ich meinen Job verlor. Ich konnte mich nicht konzentrieren, nahm mir viel zu oft frei, und eines Tages brach ich dann endgültig zusammen. Ich konnte nicht aufhören zu weinen. Ich wurde zur Personalabteilung geschickt. Dort bat man mich, mich beurlauben zu lassen. Ich kehrte nie zu diesem Job, den ich sehr liebte, zurück, weil ich mich zu sehr schämte. Es hatte eine Zeit gegeben, in der ich das Goldmädchen war, das von der Geschäftsleitung als Vorzeigebeispiel angesehen wurde.

10. Du hast Angst vor Erfolg.

Ich musste am College einen Kurs mit dem Titel „PMA: The Science of Success“ besuchen. Dieser Kurs sollte uns auf das Leben nach dem Studium vorbereiten. Da gab es eine Liste von Dingen, die Menschen davon abhalten, ihre Ziele zu erreichen. Einer der Punkte auf der Liste war die „Angst vor dem Erfolg“. Ich stutzte. Angst vorm Versagen, das konnte ich ja verstehen. Wer hat keine Angst davor, zu versagen? Aber Angst vor Erfolg? Warum sollte irgendjemand Angst haben, erfolgreich zu sein?!

Das ist jedoch eines der Symptome emotionalen Missbrauchs. Der Narzisst sucht nach Personen, die all die Eigenschaften besitzen, die ihm fehlen. Sein Ego wird es ihm aber nicht erlauben, irgendwelche Eigenschaften von dir zu loben, denn das würde die Aufmerksamkeit von ihm selbst ablenken. Daher wird dein Erfolg zu einer Art Auslöser für Missbrauch. Dies führt dazu, dass Opfer das Rampenlicht meiden, bei der Arbeit hinterherhinken oder unterdurchschnittliche Leistungen erbringen und ihre Gaben oder Talente herunterspielen. Er wird dich glauben lassen, das liege daran, dass du minderwertig bist, aber in Wirklichkeit ist das genaue Gegenteil der Fall. Du hast das, wonach er sich sehnt, aber nur durch Manipulation und Betrug erlangen kann.

11. Du beschützt und verteidigst deinen Peiniger.

Es mag für den ein oder anderen absurd erscheinen, aber ich habe ihn vor meiner Familie, vor meinen Freunden sowie vor allen anderen, die ihn angegriffen haben, verteidigt. Warum tun wir das? Missbrauch wird zum Teil aus Scham verleugnet, dient aber auch als Abwehrmechanismus. Nach einer Weile entwickeln Missbrauchsopfer eine Form der kognitiven Dissonanz, die es ihnen ermöglicht, den Missbrauch zu bewältigen, indem dieser heruntergespielt oder geleugnet wird. Nicht selten wird sich der Peiniger selbst als Opfer darstellen. Er wird dich davon überzeugen, dass das doch alles gar nicht so schlimm ist, schließlich schlägt er dich nicht, oder er wird sagen, dass *du* sein Verhalten provozierst.

Diese sogenannte Traumabindung entwickelt sich zwischen narzisstischen Peinigern und ihren Opfern. Es handelt sich um eine toxische Kombination, die mit dem Stockholm-Syndrom vergleichbar ist, bei dem eine Geisel beginnt, sich im Laufe der Zeit mit ihrem Entführer zu identifizieren und Verständnis für ihn zu haben. Es braucht Zeit, um diesen Zustand zu überwinden, aber du kannst es schaffen. Ich glaube an dich.

Die Rückentwicklung dieser Form der Dissonanz ist unbedingt notwendig, um die Dramatik und Komplexität der Lage zu verstehen und den Missbrauch glasklar zu erkennen. Erst dann bist du in der Lage, das Ganze unverfälscht zu sehen und dich von dem Peiniger zu lösen.

Entweder die Manipulation und der Missbrauchszyklus werden so lange weitergehen, bis sie zu einer körperlichen Erkrankung führen (was bei mir der Fall war), oder du wirst dich daran erinnern, dass du etwas Besseres verdient hast, und diesen Mann für immer loswerden.

Wenn du es leid bist, permanent herabgesetzt zu werden, und spürst, dass dein Selbstwertgefühl immer mehr abnimmt, dann ist es an der Zeit, deine Kraft wiederzufinden und sie zurückzuerlangen.

KAPITEL 6

DEINE KRAFT WIEDERFINDEN

Obwohl mir klar war, dass ich aus dieser Beziehung rausmusste, lange bevor es ein bewusster Gedanke wurde, bedurfte es einer externen Kraft, wie die Zwangsräumung, damit ich die Kraft zum Gehen bekam. So ist es nun mal, wenn man „festsitzt“, sowohl emotional als auch körperlich.

In der ersten Nacht im Motel konnte ich kein Auge zutun. Am nächsten Morgen rief ich meine Mutter an, um ihr zu sagen, was passiert war und dass ich gegangen war. Sie wusste es bereits. Er hatte bei meinen Eltern angerufen und am Vorabend mehrere Stunden lang vor ihrem Haus kampiert.

Ich geriet in Panik. Ich hatte Angst, wie er reagieren würde, sollte ich nicht zurückkommen. Ich weiß nicht, warum ich überhaupt keinen Gedanken daran verschwendet hatte, dass er bei meinen Eltern aufkreuzen könnte. Noch bevor ich ein Nachtquartier gefunden hatte tags zuvor, hatte ich mein Handy ausgeschaltet. Ich wollte – ich musste! – einfach nur irgendwohin, wo er mich nicht finden würde, um in Ruhe nachdenken zu können.

Meine Eltern und ich waren uns einig, dass ich für ein paar Tage nicht zu ihnen nach Hause gehen sollte. Sollte er erneut bei ihnen erscheinen, würden sie sich um ihn kümmern. Ich weiß, dass sie mich damit beruhigen wollten, aber es machte mich nur noch nervöser. Es war ja nicht das erste Mal, dass ich, während ich über ihn hinwegzukommen versuchte, voller widersprüchlicher Emotionen war.

Es spielte keine Rolle, dass ich in einer einseitigen Liebesbeziehung war. Mein Schmerz war echt und zutiefst spürbar. Die nächsten zwei Tage weinte ich ununterbrochen, zusammengerollt auf einem Bett in einem seltsamen Motelzimmer.

Wenn man versucht, ein Trauma zu bewältigen, verläuft das in der Regel nicht reibungslos. Es gibt viele Dinge, die man dabei falsch machen kann, besonders zu Beginn. Eine der schwierigsten Aufgaben ist es, das vertraute Umfeld zu verlassen. Es wird dir schwerfallen, ihn zu verlassen, und noch schwieriger wird es sein, dich von ihm fernzuhalten, nachdem du es getan hast. Das ist normal, wenn man eine Trennung durchmacht, insbesondere wenn man in einer co-abhängigen, missbräuchlichen Beziehung war. Du bist verletzt und traumatisiert – und du bist in vielerlei Hinsicht immer noch an ihn gebunden.

Eines der ersten Dinge, die du tun kannst, um mit dem Heilungsprozess zu beginen, ist, das Schwarzer-Peter-Spiel zu stoppen. Das bedeutet nicht nur, dass du aufhören musst, dir selbst die Schuld zu geben, sondern auch ihm. Wenn du das weiterhin tust, bleibt der Fokus auf dem Missbrauch und dem Peiniger. Ich konnte feststellen, dass hierbei das Üben von Achtsamkeit sehr hilfreich ist. Bei dieser Methode geht es darum, im Moment präsent zu sein, ohne zu reagieren, und Emotionen anzuerkennen, ohne an ihnen festzuhalten. Einige Menschen können dies mental tun; ich musste meine Emotionen aufschreiben.

Als ich mich mitten in einem missbräuchlichen Umfeld befand, war ich nicht in der Lage, meine Emotionen anzuerkennen. Ich konnte nicht sagen oder denken: „Momentan bin ich wütend“ oder zugeben, Angst zu haben, dass ich mich enttäuscht oder gefangen fühlte. Mit jeder Emotion, die ich offen zeigte – ob Wut, Traurigkeit oder eine andere Emotion – gab ich ihm eine weitere Waffe in die Hand, die er gegen mich einsetzen konnte.

Denke daran, diese Vampire ernähren sich von deinen Emotionen, weil sie nicht in der Lage sind, selbst echte Emotionen zu spüren.

Nachdem ich ihn verlassen hatte, hat mir das Aufschreiben meiner Emotionen jedoch sehr geholfen, zumal dies eine Zeit war, in der all meine Gefühle wie eine Lawine auf mich herabstürzten und mich schier zu überwältigen drohten. Ich konnte einfach ein kleines Notizbuch herausnehmen und aufschreiben: „Im Moment fühle ich mich ...“ und meine Gefühle dann alle niederschreiben, eines nach dem anderen. Das klingt zwar sehr simpel, aber es funktioniert wirklich.

Widerstehe dem Drang, ihn anzurufen oder in irgendeiner Weise nach ihm zu schauen. Es kommt häufig vor, dass man sich fragt, ob er jetzt genauso verletzt ist wie du, ob er dich auch vermisst. Du wirst Fantasien haben, dass die Trennung ihn wachgerüttelt hat und dass alles in Ordnung sein wird, sobald er seine Lektion gelernt hat.

Ich werde dir jetzt die bittere Wahrheit sagen: Wenn er ein Narzisst ist, wird das nie passieren. Er mag vielleicht so tun, als würde er dich vermissen, aber was er in Wirklichkeit fühlt, ist Panik. Er vermisst den Ego-Schub. Mach dir keine Sorgen, er wird ihn woanders finden, sobald du ihn los bist, falls er es nicht längst schon getan hat. Denke daran, er hat einen Harem von Opfern und Hintermännern, die auf ihre Chance warten. Er wird sich an eine seiner Ex-Freundinnen wenden und den Zyklus von vorn beginnen. Du warst nicht jemand, den er geliebt hat, sondern ein Mittel zum Zweck, um seine Sucht nach Aufmerksamkeit, Kontrolle und Bewunderung zu stillen.

Ich weiß genau, was er dir am Anfang eingeflößt hat: dass du ihn wie alle anderen verlassen wirst. Und wenn du es dann tatsächlich tust, sagt er, dass du ihn nie wirklich geliebt hast. Das ist die Kunst der Kontrolle und der Manipulation. Er hat dich von Beginn an einer Gehirnwäsche und Konditionierung unterzogen.

Ich werde dir etwas sagen, das mir jetzt dumm vorkommt. Da er immer noch ein gutes Verhältnis zu seinen Ex-Freundinnen hatte, dachte ich, dass er kein so schlechter Kerl sein konnte. Warum sollten sie mit einem Mann befreundet bleiben, der sie missbraucht hat? Ich dachte nur: „Wie progressiv und kultiviert von ihm. Wie erwachsen."

Außerdem dachte ich, wenn ich ihm gegenüber feindselig bin, dann bin *ich* vielleicht das Problem. Keine von ihnen schien ihn zu hassen oder noch irgendwelche ungelösten Probleme zu haben. Das liegt daran, dass sie alle Teil seines Harems sind, seines Liebeskults voll co-abhängiger Quellen der Aufmerksamkeit und seines Ego-Vergnügens.

Co-abhängige Beziehungen sind der Drogenabhängigkeit sehr ähnlich. Um den Heilungsprozess zu beginnen, ist es von grundlegender Bedeutung zu verstehen, was narzisstischer Missbrauch ist und welche Auswirkungen er auf die Opfer hat. Wenn du dich auf diesen Buchseiten selbst erkennst, kannst du anfangen, stärker zu werden, und dich aus einer toxischen, missbräuchlichen Umgebung befreien.

Es gibt bestimmte Maßnahmen, die du ergreifen kannst, um dich vom Bann eines Manipulators zu befreien. Das kannst du schrittweise tun, und du kannst sofort damit anfangen, selbst wenn du noch bei deinem Peiniger bist.

Für den Liebespeiniger bist du eine Droge, von der er seine narzisstische Bestätigung bekommt. Allerdings sind diese Typen Multitasker, die oft mehr als nur eine Quelle haben, mit denen sie ihre Sucht nach Schmerzzufügung stillen. Als narzisstische Bestätigung wird alles und jeder bezeichnet, der seinen psychologischen Defiziten dient. Sie sind ein Spiegel seines egozentrischen Bedürfnisses, Resonanz zu erhalten, egal ob positiv oder negativ. Das hält ihn im Gleichgewicht. Dabei spielt es keine Rolle, ob diese Resonanz Liebe, Bewunderung, Abscheu oder Angst ist, solange er eine Emotion hat, von der er sich ernähren kann, und eine Bezugsperson, die ihm diese Bestätigung liefert.

Es gibt in der Regel zwei Quellen narzisstischer Bestätigung: eine Primärquelle und eine Sekundärquelle. Primäre Bestätigung erhält der Narzisst normalerweise durch seine Karriere oder durch hervorragende sportliche Leistungen; die Primärquelle können aber auch Ruhm, Prominenz oder eine andere Form der Popularität sein. Fans, Bewunderer, Verehrer und andere Menschen, die dem Narzissten nicht wirklich nahestehen, bewundern die Fassade.

Sekundäre narzisstische Bestätigung bekommt der Narzisst von den Menschen in seinem direkten sozialen Umfeld. Das ist die Quelle, die ihm die tägliche Selbstbestätigung und die Fassade der Normalität liefert, nach der sich der Narzisst in Form von finanzieller Sicherheit, sozialem Status und Stabilität sehnt. Dazu gehört der enge Kreis aus Eltern, Kindern und Geschäftspartnern. Diese narzisstische Bestätigung kann auch durch Statussymbole wie Sportwagen, Designerklamotten und Investitionen erhalten werden. Denke an den Protagonisten aus „American Psycho" und du wirst eine ziemlich gute Vorstellung davon bekommen.

In der narzisstischen Beziehung bist du sowohl die Droge als auch die Süchtige. Derartige Situationen stimulieren den gleichen Teil des Gehirns, der vom Drogenmissbrauch betroffen ist, entsprechend wird für die Lösung dieses Problems ein ähnlicher Ansatz verfolgt.

Was den Heilungsprozess erschwert, ist die zusätzliche Entstehung von Traumata, die zum großen Teil dauerhaft und schwer zu überwinden sind. Ein narzisstisches Missbrauchstrauma führt oft zu einem Zustand, der als K-PTBS bezeichnet wird (komplexe posttraumatische Belastungsstörung). Dieser Zustand wurde früher als Kriegsneurose bezeichnet; davon waren Soldaten betroffen, die aus dem Krieg nach Hause kamen.

Lass das für eine Minute auf dich wirken: Deine „Beziehung"

hat bei dir die gleiche Art von Trauma und emotionaler Vernarbung hinterlassen, die auch bei Kriegsveteranen und Menschen entstehen, die langfristige, kontinuierliche körperliche und psychische Traumata erleiden.

Der Missbrauchszyklus beginnt langsam und entwickelt sich: ein Streit oder ein Vorfall, die Versöhnung und dann eine Friedensphase. Nach einer Weile eskaliert der Streit oder die beleidigenden Ausdrucks- und Verhaltensweisen und sie werden immer häufiger und akuter. Die Friedensphasen werden kürzer und seltener. Wenn du dir das Muster genauer anschaust und es analysierst, wirst du feststellen, dass du irgendwie immer schuld an allem bist, egal was passiert.

Die Spezialistin für narzisstischen Missbrauch und NOS-Genesung, Kim Saeed, hat es folgendermaßen formuliert:

„Wenn der Narzisst immer das Opfer sein muss, bedeutet das, dass jemand anderes immer der Schuldige sein muss. Jawohl, das ist deine Rolle: Du bist der Antagonist und er ist der Protagonist in dem hypothetischen Film, der im Kopf des Narzissten spielt."

Meistens bleibt einem nicht die Zeit oder man ist nicht in der Lage, einen Schritt zurückzutreten und die Situation zu analysieren. Der Peiniger darf dir keine Zeit zum Nachdenken lassen, sonst könntest du sein Spiel durchschauen. Also hält er dich auf dieser Achterbahn. Eine zusätzliche Dynamik entsteht durch die kognitive Dissonanz, die sich aus der widersprüchlichen Realität ergibt, dass dein Geliebter und Seelenverwandter zugleich ein herzloser Peiniger ist, der keine Liebe empfinden kann. Diese Realität bringt uns in Selbstzweifel und Verwirrung.

Sobald du den Missbrauch erkennen und der Situation ein Ende setzen kannst, erfolgt die Missbrauchstrauma-Genesung in fünf verschiedenen Phasen. Ich habe ein paar Übungen beigefügt, die dir helfen werden, das Ganze zu verarbeiten, und auch einige Emotionen beschrieben, die im Laufe der jeweiligen Phase möglicherweise in dir aufkommen werden.

1. Die Stabilisierungsphase

Man könnte dies als eine Phase der Notfallmaßnahmen betrachten. In dieser Zeit musst du den Kontakt zum Peiniger vollständig unterbrechen, um dich von ihm zu lösen. Hier könnte der Peiniger noch immer versuchen, über soziale Netzwerke oder Botschaften von Freunden in dein Leben zurückzukehren. Ich kenne eine Frau, deren Ex-Mann das Facebook-Profil ihrer gemeinsamen Tochter gehackt hat, um ihr schreiben und sie ausspionieren zu können, nachdem sie ihn auf ihrem eigenen blockiert hatte.

Zu diesem Zeitpunkt entgiftest du dich immer noch von dem Missbrauch und bist anfällig für einen Rückfall. Jeder Kontakt mit ihm ist so, als würde man einem Junkie noch einen weiteren Schuss geben. Diese vierteilige Übung könnte dir möglicherweise helfen.

Schritt 1: Falschaussagen auf den Punkt bringen

Du solltest jegliche Ansichten bezüglich eurer Beziehung, die deinen Heilungsprozess behindern könnten, aufschreiben und widerlegen.

Beispiele:

– Der Missbrauch war meine Schuld.

– Ich habe weder Liebe noch Glück verdient.

– Ich hätte die Situation in Ordnung bringen können, wenn ich eine bessere (stärkere, schlauere etc.) Person wäre.

Die Liste wird individuell gemäß deiner persönlichen Situation ausfallen; wichtig ist, dass sie dir Klarheit verschafft. Der Grund, warum du solche Gedanken und Gefühle negieren musst, ist, weil sie ansonsten den Mythos weiterleben lassen, dass du das Ganze in Ordnung bringen kannst; dass du ihn in Ordnung bringen kannst; dass, wenn ihr wieder zusammen wärt, diesmal alles auf magische Weise funktionieren würde.

Schritt 2: Analysiere andere Situationen oder Menschen in deinem Leben, die versucht haben, dir die Schuld zuzuschieben.

Dies könnte eine aufdringliche, kritisierende Mutter, ein Lehrer, ein narzisstischer Chef oder eine andere Person sein, die genug Einfluss auf dein Leben hatte, um eine nachhaltige Wirkung zu erzielen.

Schritt 3: Überlege dir, was du davon hast, die Beziehung oder deinen Ex zu idealisieren und die Schuld für das „Scheitern" auf dich zu nehmen.

Ihn zu verteidigen oder sein Verhalten zu rechtfertigen, ist für viele von uns auch ein psychologisches Bedürfnis. Die meisten Frauen, die mit narzisstischen Männern zu tun haben, sind Empathen. Es fällt uns schwer, unsere eigenen Emotionen von denen anderer zu trennen, und wir nehmen oft ihre Lasten auf uns selbst. Sobald wir es geschafft haben, dieses angeborene Verantwortungsgefühl loszuwerden und unseren Ex so zu sehen, wie er wirklich ist, können wir dieses Bedürfnis abschalten.

Schritt 4: Die Geschichte neu formulieren

Stelle jeder Falschaussage auf deiner Liste eine Aussage gegenüber, die der Wahrheit entspricht.

Beispiele:

– *Der Missbrauch war meine Schuld.*

– *Der Missbrauch war nie meine Schuld. Es liegt im Wesen des Narzissten, andere Menschen zu missbrauchen.*

– *Ich habe weder Liebe noch Glück verdient.*

– *Ich habe alles Glück der Welt und wahre Liebe verdient.*

– *Ich hätte die Situation in Ordnung bringen können, wenn ich eine bessere (stärkere, schlauere etc.) Person wäre oder mich mehr angestrengt hätte.*

– *Ich akzeptiere, dass es nicht in meiner Macht liegt,* gebrochene Männer zu ändern oder zu heilen.

Das kann ein sehr komplexer Prozess sein. In dieser Phase fühlen sich die meisten von uns:

- wütend

- überfordert

- verwirrt

- traurig
- einsam
- beschämt
- entwürdigt
- schuldig
- zurückgewiesen
- durch die Urteile anderer Personen bloßgestellt

2. Die Aufstiegsphase

An diesem Punkt fängst du an, nach vorn zu schauen, anstatt dich nur auf deine Niedergeschlagenheit zu konzentrieren. Es kann zwar Wochen oder Monate dauern, bis du diesen Punkt erreicht hast, aber es ist ein Wendepunkt, der dich auf den Weg zum Wohlbefinden bringen wird. Während dieser Zeit ist es wichtig, ein gutes Support-Netzwerk um sich zu haben. Du wirst in dieser Phase zwar immer noch dazu tendieren, traurig und wütend zu sein – sowohl auf dich selbst als auch auf ihn –, aber du musst dich dem widersetzen, sonst könntest du einen Rückfall erleiden. Der Mythos, dass die Zeit alle Wunden heilt, ist nicht unbedingt wahr, aber sie verschafft dir den nötigen Abstand. Es wird einfacher werden.

Achtsamkeit hilft dir, dies zu überstehen. Indem du akzeptierst, dass du immer noch verletzt und/oder wütend bist, lässt du diese Emotionen zu, ohne dass sie jedoch dein Gleichgewicht beeinträchtigen. Achtsamkeit ermöglicht dir, im Moment präsent zu sein, anstatt an die Vergangenheit gefesselt zu sein.

Im Laufe dieser Phase können folgende Gefühle auftreten:

- Unsicherheit
- Traurigkeit
- Depressionen
- Hoffnungslosigkeit
- Verwirrung
- Erschöpfung
- Schlappheit

3. Die Phase der Fundamentierung

Hier fängst du an, deine Identität und dein Selbstwertgefühl wiederherzustellen. Sobald du etwas Abstand und Klarheit gewonnen hast, könntest du aufhören, dich auf das Negative zu konzentrieren, dich an all die guten Zeiten erinnern und den Missbrauch einfach vergessen. Es kommt auch häufig vor, dass man eine „Wir waren beide schuld“ Denkweise entwickelt.

Das ist die Phase, in der die Angst einsetzt, sobald einem klar wird, dass es ein Leben nach dem Missbrauch gibt. Eine Möglichkeit, diese Phase zu überstehen, ist, sich einer persönlichen Herausforderung zu stellen. Das können z. B. das Erlernen eines Musikinstruments, ein Sprachkurs oder eine neuen Sportart sein. Selbst kleine Erfolge, wie z. B. eine Aufgabe zu erledigen, die du immer wieder aufgeschoben hast, oder fünf Kilo abzunehmen, werden dein Selbstvertrauen im Laufe dieser Phase stärken und dir bei deiner Genesung helfen.

Während dieser Phase fühlst du dich:

- selbstbewusst

- eifrig

- entschlossen

- ängstlich

4. Die Phase der objektiven Analyse

Mittlerweile hast du genug Zeit und Abstand von dem Missbrauch, der dir widerfahren ist, um mit einer Selbstanalyse zu beginnen. Du bist geistig und körperlich stärker, und du bist bereit, mit Distanz zurückzublicken. Jetzt kannst du typische Muster und charakteristische Merkmale identifizieren und effektive Strategien finden, wie du mit ihnen umgehen kannst, falls du ihnen in Zukunft erneut begegnen solltest. Eine weitere Möglichkeit, das Beste aus dieser Phase zu machen, besteht darin, Mitglied einer Peer-Beratungsgruppe zu werden, um anderen Frauen zu helfen, die ihre Reise gerade erst beginnen. Ich wurde ein ehrenamtlicher Telefonberater für meine lokale Hotline für häusliche Gewalt.

Dies ist ein essenzieller Schritt, der dir helfen wird, dich nie wieder auf einen missbräuchlichen Manipulator einzulassen. Sei dir bewusst, dass viele Frauen in dieser Phase versuchen, ihre Stärke und Entschlossenheit auf die Probe zu stellen, indem sie ihren Peiniger kontaktieren. Du musst diesem Drang widerstehen. Selbst gelegentlicher Kontakt kann dich wieder in den Harem ziehen. Was glaubst du, wie all seine anderen Ex-Freundinnen dorthin gekommen sind?

Zu den typischen Gefühlen in dieser Phase gehören:

- emotionale Distanz

- Fokussierung

- Melancholie

- Entschlossenheit

- Nostalgie

- Neugierde

5. Die Akzeptanzphase

Das ist die letzte Hürde auf dem Weg zur Genesung. Du hast das negative Skript, das dir der Peiniger in den Kopf gesetzt hat, neutralisiert; du hast Klarheit gewonnen; und du hast nun das Wissen und die Instrumente, die du brauchst, um gesunde Beziehungen aufzubauen. Du hast auch genug über Narzissten gelernt, um die Warnzeichen potenziellen Missbrauchs zu erkennen, und du hast die Kraft, solchen charmanten, aber glitschigen Schlangen aus dem Weg zu gehen.

Während der Akzeptanzphase fühlst du dich:

- stark

- selbstbewusst

- entschlossen

- hoffnungsvoll

- mächtig

- friedlich

- glücklich

Das heißt aber nicht, dass es auf dem Weg keine Unebenheiten und Rückschläge geben wird. Dein Trauma ist nicht über Nacht passiert, und deine Genesung wird es auch nicht. Genau wie jede andere Form der Genesung wird auch dieser Prozess langwierig und schwierig sein.

Fallstricke vermeiden, die den Heilungsprozess verzögern können

Es gibt keine richtige oder falsche Art, zu trauern oder zu heilen. Die Reise eines jeden Menschen ist anders. Man muss jedoch beachten, dass es einige häufige Fehler gibt, die den Heilungsprozess verzögern und erschweren. Deshalb sind Unterstützung und Therapie essenziell. Zuerst habe ich versucht, es allein zu bewältigen. Da ich nichts von potenziellen Fallstricken und Rückschlägen wusste, war meine Genesung unnötig lang und kompliziert; ich möchte dich davor bewahren, die gleichen Fehler zu machen.

1. Achte darauf, nicht in Sentimentalität zu verfallen und die Beziehung zu romantisieren. Einer der Gründe für die Kein-Kontakt-Regel ist, dass man leicht darin verfällt, das Schlechte zu minimieren und das Gute zu idealisieren. Dies gilt insbesondere, wenn der Schmerz noch frisch ist und die Genesung erst beginnt. Daher ist jeder Kontakt mit dieser Person gefährlich. Falls ihr gemeinsame Kinder habt, solltest du Besuche oder andere erforderliche Kontakte nach Möglichkeit über einen Mittler organisieren. Wenn ihr nur sehr wenig Kontakt haben müsst, antworte ohne jegliche Emotionen, wenn er versucht, dich zu provozieren, dir zu schmeicheln oder dich zurückzugewinnen.

Der Narzisst wird möglicherweise versuchen, in dein Leben zurückzukehren, indem er auf Sentimentalität setzt. Blockiere ihn auf deinem Handy und in allen sozialen Netzwerken und widerstehe dem Drang, ihn anzurufen oder auf irgendeine Weise zu kontaktieren, nur um zu sehen, wie es ihm geht. Was du siehst, wird dir möglicherweise nicht gefallen, oder du könntest melancholisch werden. Wirf alle Fotos und andere Andenken weg. Alle. Sie werden die Nostalgie, Einsamkeit und Trauer nur noch verstärken.

2. Lasse dich erst dann auf eine neue Beziehung ein, wenn du genügend Fortschritte beim Wiederaufbau deines Selbstbildes gemacht hast. Bis du in der Lage bist, Warnzeichen und charakteristische Muster zu identifizieren, besteht die Gefahr, dass du den Zyklus mit einem anderen Mann wiederholst. Drogenabhängigen wird in der Entzugstherapie empfohlen, im ersten Jahr der Genesung keine Beziehung einzugehen. Ich weiß, dass man sich einsam fühlen kann, aber deine emotionale Gesundheit ist wichtiger als kurzfristiger Trost. Versuche, viel mit deinen Freunden zu unternehmen, und stütze dich auf dein Support-Netzwerk. Auf keinen Fall solltest du allein zu Hause sitzen und grübeln.

3. Verzichte auf Selbstbehandlung und andere selbstzerstörerische Gewohnheiten. Sich mit Essen, Alkohol, Drogen oder Sex zu trösten, kann ein gebrochenes Herz nicht heilen. Genau genommen könnte es sogar zu weiteren Problemen führen. Man vergisst nichts durch das Trinken, und einen ganzen Käsekuchen oder einen Eimer Eiscreme in sich hineinzuschaufeln, schadet deiner Gesundheit. Suche nach effektiveren Bewältigungsstrategien, wie z. B. Yoga, Meditation oder Wellness. Was auch immer es ist, tu dir etwas Gutes, was dir auch nachhaltig guttut.

4. Lerne, Grenzen zu setzen. Das bedeutet, keine Angst zu

haben, „Nein“ zu sagen, wenn es nötig ist, und die Tendenz zu überwinden, es immer allen recht machen zu wollen.

5. Beseitige die Toxizität. Indem wir lernen, unsere Emotionen zu unterdrücken, um uns emotional zu schützen, verinnerlichen wir große Mengen an Toxizität. Es ist Zeit, unseren Körper von diesem Gift zu säubern. Ich habe viele wütende Gedichte geschrieben. Sie werden zwar keine Literaturauszeichnungen bekommen, aber es fühlte sich gut an, alles rauszulassen. Ein Tagebuch zu führen, einer Selbsthilfegruppe beizutreten oder eine Therapie zu beginnen, sind z. B. effektive Entgiftungsmethoden; alles, was es dir ermöglicht, deine Emotionen auszudrücken, kann dir helfen.

6. Vergiss nicht, dir selbst zu vergeben. Narzisstische Beziehungen basieren auf der Schuldfrage. Es wird lange dauern, bis du aufhörst, die Schuld für Dinge auf dich zu nehmen, die nicht deine Schuld waren. Du musst dir auch selbst vergeben. Wir alle machen Fehleinschätzungen. Vergib ihm auch. Du musst es nicht persönlich tun und es wird ihn nicht von jeglicher Schuld freisprechen. Aber es wird dir den inneren Frieden bringen, den du brauchst, um weiterzumachen.

Die Reise zu Stärke und Würde antreten

Am Ende blieb ich etwa eine Woche in diesem Motel. Ihn nicht zu kontaktieren, war eines der schwierigsten Dinge, die ich je getan habe. Ich habe seine Telefonnummer gesperrt und meine geändert. Ich habe auch meine Social-Media-Accounts gelöscht. Ich muss zugeben, dass ich sein Facebook-Profil durchstöbert habe; es war voller Selbstmitleid und Beschuldigungen. Das war das letzte Mal, dass ich auf seinem Profil war. Für mich war der Umzug das Beste, was ich tun konnte, um zu heilen. Der Gedanke, in eine neue Stadt zu ziehen, war beängstigend, aber auch aufregend. Es hat mir auch geholfen, mich auf etwas anderes als meinen Schmerz zu konzentrieren, zumindest für eine kurze Zeit.

Nur eine externe Kraft konnte mich dazu bewegen, aus dieser Beziehung rauszukommen. Ich hoffe, dass ich diese externe Kraft, dieser Funke der Inspiration für dich sein werde.

Das sind die Techniken, die dir helfen werden, deine Genesung einzuleiten und durchzustehen. Der erste Schritt ist, dich physisch zu lösen. Dann kannst du dich darum kümmern, das emotionale Gepäck loszuwerden, das du schon so lange mit dir herumschleppst. Und du wirst sehen: Du wirst dich plötzlich etwa um achtzig Kilo leichter und vor allem freier fühlen.

Du hast ihn überlebt, du kannst das überstehen. Vertrau mir. Du bist es wert.

ABSCHNITT III

DEINE KRAFT WIEDERERLANGEN

Die erste Nacht allein war die schwierigste Nacht, die ich je in meinem Leben durchlebt habe. Das Gespräch mit meiner Familie hatte nicht die beruhigende Wirkung auf mich, wie ich es mir erhofft hatte. Natürlich waren sie froh, dass ich ihn verlassen hatte. Aber ich fühlte mich nicht glücklich. Ich hatte Angst und war sehr, sehr traurig.

Nachdem ich beschlossen hatte, dass ich nicht mehr zu seinem Freund zurückgehen würde, dass ich für immer mit ihm Schluss machen und ihn verlassen würde, durchflutete mich zunächst ein Gefühl der Kühnheit und der Heiterkeit. Der kalte Spritzer der Realität traf mich beim Check-in im Motel und beim Anruf meiner Eltern. Dadurch fühlte sich alles so real und endgültig an. Ich wurde wankelmütig und dachte darüber nach, zu ihm zurückzukehren. Ich musste mich sehr stark auf meine Angst konzentrieren, um mich davon abzuhalten. Ich stellte mir vor, wie wütend er wäre, wie er mich demütigen und wie ein Falke über mich wachen würde, wenn er jemals Verdacht schöpfen würde, dass ich es mir überlege, die Beziehung zu beenden.

Ich musste allein sein, einfach nur existieren, ohne darüber nachzudenken oder irgendetwas zu fühlen, ohne mit irgendjemandem reden zu müssen. Die Tatsache, dass er den ganzen Abend vor dem Haus meiner Eltern geparkt hatte und darauf lauerte, mich abzupassen, war ein weiterer Grund, warum ich mich entschied, ein oder zwei Tage lang isoliert zu bleiben. Am Ende kampierte ich eine Woche lang in meinem Zimmer.

Nur mein starker Wille konnte mich davon abhalten, zum Haus meiner Eltern zu gehen, und ich wollte auch nicht, dass sie zu mir kommen. *Was, wenn sie zu mir kämen und er ihnen folgte?*

Ich hatte keine Angst um meine persönliche Sicherheit oder um meine körperliche Unversehrtheit, das war es nicht. Er ist nie körperlich gewalttätig gewesen. Einschüchternd und verbal missbräuchlich, ja. Aber ich hatte keine Angst, dass er gewalttätig werden könnte. In dieser Hinsicht hatte ich Glück. Viele Fälle von narzisstischem Missbrauch wechseln zu körperlicher Gewalt; in solchen Fällen ist die Trennungsphase die gefährlichste Zeit.

Irgendwann ging ich davon aus, dass die Luft rein war, um einen Familienbesuch zu wagen. Wir haben gelacht, geweint und uns bei einem langen Abendessen unterhalten. Sie trugen wesentlich zu meiner endgültigen Entscheidung bei, die Stadt zu verlassen und neu anzufangen. Sie waren zwar nicht glücklich darüber, aber sie hatten Verständnis dafür. Ich würde schließlich nur in ein anderes Bundesland ziehen. Meine Cousine hatte eine Zweizimmerwohnung und brauchte eine

Mitbewohnerin. Mein Vater erklärte sich bereit, sich um meine Möbel zu kümmern und sie in einem Lager unterzustellen, bis ich alles geregelt hätte. Die meisten meiner Klamotten und persönlichen Gegenstände hatte ich bereits mitgenommen.

Ich hatte großes Glück, dass die Trennung einwandfrei verlief und dass meine Familie für mich da war.

Alle missbräuchlichen Beziehungen sind eine Perversion der Machtdynamik. Männer, die missbräuchliche Kontrollfreaks sind, sind am unberechenbarsten, wenn sie diese Kontrolle verlieren, und sie werden fast alles tun, um sie zu behalten.

Es gibt Vorsichtsmaßnahmen, die du ergreifen solltest, wenn du nicht ungestört gehen kannst, wenn ihr gemeinsame Kinder habt oder wenn du glaubst, dass deine Sicherheit gefährdet ist. Sofern du nicht in unmittelbarer Gefahr bist, solltest du einen Plan haben, bevor du den Schritt wagst. Je mehr auf dem Spiel steht, desto stärker ist die Bindung zwischen euch beiden und desto länger musst du dich vorbereiten, um sicher aus der Sache rauszukommen.

Im Internet gibt es viele hilfreiche Anlaufstellen, unter anderem die Website des Rape/Domestic Abuse Program (RDAP). Dort findet man Ratschläge für den Umgang mit sämtlichen Formen häuslicher Gewalt und Missbrauch in Beziehungen.

Hier sind ein paar Tipps, die dir bei der Erarbeitung deines Fluchtplans helfen werden:

– Halte es unter Verschluss. Mit Ausnahme einer Vertrauensperson, die dir während und nach der Aktion helfen kann, solltest du niemandem von deinen Plänen erzählen. Vor allem nicht deinem Peiniger.

– Habe einen Plan parat, was du tun wirst, falls er es herausfindet. Das könnte bedeuten, einen sicheren Zufluchtsort in deinem Haus zu finden, wo du und ggf. deine Kinder hingehen könnt, wenn sich die Lage zuspitzt und ihr das Haus nicht verlassen könnt und es schnell gehen muss. Habe außerdem Optionen parat, wenn du deine Kinder bei jemandem lassen musst.

– Dokumentiere sämtliche Beweise für körperlichen Missbrauch oder Drohungen, die er gegen dich oder andere Menschen aus deinem sozialen Umfeld ausgesprochen hat. Das bedeutet, Fotos oder Videos auf deinem Handy zu speichern, Kopien von Polizei- oder Krankenakten und bedrohliche SMS, Posts in sozialen Netzwerken, E-Mails oder Voicemails aufzubewahren.

– Führe ein Tagebuch der Vorfälle, in dem Einzelheiten, Datum und Uhrzeit vermerkt sind. Das ist besonders wichtig, wenn du keine Beweise wie Fotos, Nachrichten oder ärztliche Gutachten hast.

– Informiere dich über das örtlich anwendbare Recht, das dir Schutz bieten kann, und suche nach Hilfsangeboten, die dir zur Verfügung stehen. In der Bundesrepublik Deutschland hat sich der Gesetzgeber im Jahr 2002 mit der Einführung des Gewaltschutzgesetzes (GewSchG) besonders zur wirksamen Bekämpfung des Phänomens „Häusliche Gewalt“ bekannt. Daran anknüpfend haben bundesweit die Justiz-, Sozial- und Innenministerien der Länder vielfältige und effektive Voraussetzungen geschaffen, um ein Umdenken in der Gesellschaft voranzutreiben und echte Hilfestellung und praktische Lösungen anzubieten. So wurden beispielsweise Sonderdezernate bei den Staatsanwaltschaften eingerichtet und festgelegt, dass die Strafverfolgung in Fällen häuslicher Gewalt unabhängig von der Strafantragsstellung des Opfers staatlicherseits erfolgt. Bei den Amtsgerichten wurden Vorkehrungen getroffen, dass Anträge nach dem Gewaltschutzgesetz innerhalb kürzester Zeit durch einen Richter entschieden werden. Zunehmend wurden Beratungsstellen für Opfer häuslicher Gewalt eingerichtet, die umfassende proaktive Hilfe anbieten.

– Fange an, Geld für die Flucht zu sparen. Vielleicht hast du keine eigenen Einkommen, sodass du nur fünfzig Cent oder einen Euro pro Tag einsparen kannst. Das macht nichts. Bewahre es irgendwo auf, wo es sicher vor ihm ist, aber dennoch zugänglich, sodass du schnell herankommen kannst. Falls du keinen direkten Zugang zur Bank hast, gibt es Online-Banken. Du kannst auch einfach einen Notvorrat an Bargeld in deinem Haus versteckt halten.

Es mag dich überraschen, dass viele missbrauchte Frauen auch finanziell kontrolliert werden, selbst wenn sie ihr eigenes Einkommen haben. Ich habe eine Frau kennengelernt, deren Mann ihr exakt das zukommen ließ, was er zum Lebensmitteleinkauf für nötig hielt. Er verlangte sogar das genaue Wechselgeld und die Quittungen, wenn sie nach Hause kam. Er prüfte überdies die Uhrzeit auf den Quittungen und den Kilometerzähler im Auto.

– Falls du arbeitslos bist und über keine marktgerechten Kompetenzen verfügst, solltest du eventuell einen Kurs an einer örtlichen Volkshochschule besuchen oder einen Online-Kurs machen. Oft wollen missbräuchliche Männer nicht, dass ihre Partnerin arbeitet, oder sie fordern ihre Gehaltsschecks, wenn sie einen Job hat. Alles dreht sich um Kontrolle. Wenn du selbst arbeiten gehst, wirst du bessere Chancen haben, nicht wieder zu ihm zurückzukehren.

– Plane, wie und wann du gehen wirst. Meine Vorgehensweise war nicht optimal, aber wenn du die Möglichkeit hast, zu fliehen, und keine anderen Optionen hast, dann tu es. Hab keine Angst, eine Polizeieskorte dabei zu haben. Sie werden zu dir nach Hause kommen und Wache stehen, bis du deine Sachen zusammengepackt hast und gehst, oder ihn bei Bedarf abführen. Achte darauf, dass in den meisten Fällen die Wohnung oder das Haus an die Person geht, die im Mietvertrag bzw. in der Besitzurkunde angegeben ist. *Wenn alles auf seinen Namen läuft, wirst du möglicherweise keine andere Wahl haben, als umzuziehen.*

Ich stand kurz vor dem Zusammenbruch, als ich mich entschied, wegzugehen und es durchzuziehen. Ich habe nicht darüber nachgedacht. Ich tat es impulsiv. Hätte ich Zeit zum Nachdenken gehabt, hätte ich vielleicht nicht den Mut dazu gefunden. Jeder Mensch und jede Situation ist anders.

– Achte darauf, deinen Ausweis und alle Bank- oder Kreditkarten griffbereit zu haben. Ich kenne einige Frauen, deren Ausweis vom Täter verbrannt oder beschlagnahmt wurde, sodass sie ihn nicht mitnehmen konnten. Mache Kopien davon und bewahre sie alle in einem großen Umschlag in einer Reisetasche auf, in der du Kleider für ein paar Tage, alle Medikamente, die du brauchst, und andere wichtige Gegenstände einpacken kannst. Vergiss nicht die Geburtsurkunden der Kinder, Kopien der Schulzeugnisse, die Belege der Staatsbürgerschaft, Sozialversicherungsunterlagen, Verträge oder Besitzurkunden und andere wichtige Unterlagen, die du beim Umzug ebenfalls benötigen wirst.

Nachdem du gegangen bist, gibt es noch andere Dinge, die geregelt werden müssen. Zum Beispiel solltest du dir eventuell ein Postfach zulegen. Einstweilige Verfügungen und andere Dokumente beinhalten oft eine Anschrift. Achte darauf, immer eine Kopie deiner einstweiligen Verfügung bei dir zu haben. Wechsle wenn nötig den Arbeitsplatz und melde die Kinder an einer anderen Schule an. Sage jedem Bescheid, der es wissen sollte, dass du eine einstweilige Verfügung gegen diese Person hast. Dazu gehören Schulen, Arbeitgeber, Kinderbetreuer und Nachbarn. Beantrage ausschließlich eine beaufsichtigte Besuchserlaubnis und versuche, alle Besuche oder unvermeidlichen Begegnungen durch einen Mittler oder an einem sicheren, öffentlichen Platz zu organisieren. Wenn nötig, kannst du auch einen Freund oder ein Familienmitglied mitbringen.

Falls er derjenige ist, der auszieht, solltest du sofort die Schlösser wechseln und deine Telefonnummer ändern. Nimm einen anderen Weg zur Arbeit und wähle einen anderen Schulweg für die Kinder.

Schluss zu machen, ist leichter gesagt als getan. Im Idealfall lebt ihr nicht unter einem Dach. Die Emotionen sind dadurch zwar nicht weniger real oder schmerzhaft, aber alle Verbindungen abzubrechen, erweist sich unter solchen Umständen als weitaus weniger kompliziert. Wie die Situation auch sein mag, die Entscheidung, zu gehen, fällt nie leicht. Wahrscheinlich hast du schon darüber nachgedacht und dir vorgestellt, wie das dann alles aussehen wird. Vielleicht denkst du jeden Tag darüber nach. Zumindest war es bei mir so, kurz vor dem Aus.

Einige Frauen verlassen ihre Partner mehrmals, bis sie es endgültig schaffen.

Nachdem mir klar wurde, dass ich mich in einer Beziehung mit einem Narzissten befand, stand ich vor der ernsten Frage, was ich tun sollte. Unzählige Zeitschriftenartikel, Bücher, Blogbeiträge etc. sprechen von dem Allheilmittel der „bedingungslosen Liebe"; wir werden regelrecht davon überflutet. Und wir glauben dann, dass wir die Person, mit der wir zusammen sind, in Ordnung bringen könnten. Das ist jedoch nicht möglich. Deshalb lautet die Antwort: deine Kraft wiedererlangen und dich aus seinen Klauen befreien.

Genau darum geht es in diesem Abschnitt. Die Beziehung zu beenden, ist nicht das Ende der Welt – ganz im Gegenteil! Betrachte es als den Anfang vom Rest deines Lebens.

Ich hatte zunächst damit gewartet. Ich war mir nicht sicher, worauf ich eigentlich wartete, aber ich wusste, dass ich irgendwann die Gelegenheit beim Schopfe packen würde. In vielerlei Hinsicht hatte ich mehr Glück als einige andere. Meinen Job zu kündigen, schadete mir zwar finanziell und wirkte sich auch negativ auf mein Selbstwertgefühl aus, aber ich fand einen Teilzeitjob, durch den weiterhin Geld reinkam, während ich nach einer Festanstellung suchte; auch hatte ich etwas gespart. Ich wusste, dass, falls ich es wirklich brauchen würde, meine Eltern alles in ihrer Macht Stehende tun würden, um mir zu helfen. Ich hatte für mich beschlossen, sie nicht darum zu bitten, es sei denn, die Situation würde kritisch.

Ich gab mir immer noch die Schuld für alles, und ich hatte das Gefühl, dass es meine Pflicht war, alles wieder in Ordnung zu bringen.

Es stellte sich die Frage, wie und wann ich gehen sollte. Die Wohnung und alle Rechnungen liefen zwar auf meinen Namen, aber die Tatsache, dass er rausgeschmissen worden war, erschien mir einfach zu chaotisch, um weiterhin dort wohnen zu bleiben. Auch war es mir im Hinblick auf meinen damaligen Freund zu gefährlich. Ausziehen und ihm alles überlassen wollte ich auch nicht. Das war meine erste Wohnung gewesen, mein erster Schritt in Richtung Selbstständigkeit. Ich hatte alles darin selbst ausgesucht (außer dem, was Deb mitgebracht hatte, als sie zu mir zog). Die Zwangsräumung war schmerzhaft und beschämend, aber es erwies sich letztendlich als ein Segen.

Das war meine Chance! Es hieß: Jetzt oder Nie!

Leider wirst du auch nach deiner Flucht noch viel zu bewältigen haben, egal ob ihr getrennt lebt und du ihm sagst, dass es vorbei ist, ob ihr zusammenlebt und einer von euch auszieht oder ob es kompliziert ist, wie z. B. wenn ihr verheiratet seid und gemeinsame Kinder habt oder ein gemeinsames Unternehmen oder Eigentum oder wenn ihr für die gleiche Firma arbeitet. Wann immer es möglich ist oder die Situation es erfordert, solltest du den Arbeitsplatz, die Schule oder den Wohnort wechseln. *Das ist kein Weglaufen. Dadurch schützt du dein Leben, deine persönliche Sicherheit und dein Wohlbefinden.* Ändere deine Handynummer oder besorge dir ein neues Handy, lösche alle Social-Media-Profile und blockiere jedes von seinen.

Wenn keine Gewalttätigkeit im Spiel ist und die Situation nicht gefährlich ist, kannst du es ihm ein wenig heimzahlen, bevor du gehst, was die Wahrscheinlichkeit verringert, dass er dich nach eurer Trennung belästigen wird. Eine effektive

Möglichkeit, Schluss zu machen und ihn dazu zu bringen, dich in Ruhe zu lassen, ist, den Spieß umzudrehen und ihm eine Kostprobe seiner eigenen Machtspielchen zu geben. Ich habe ein ganzes Kapitel darüber geschrieben, wie man das genau macht.

Sobald sich der erste Wirbel gelegt hat, ist das Ganze jedoch noch nicht zu Ende. Jetzt geht es darum, dich seelisch von ihm zu zu lösen und neue Kraft zu schöpfen, damit du emotional wieder gesund und stark wirst. Es gilt, an dir selbst zu arbeiten und zu lernen, frühzeitig Warnzeichen zu erkennen. Je nach den individuellen Umständen kann dies ein relativ kurzer Prozess sein oder auch mehrere Jahre dauern und professionelle Hilfe erfordern.

Ich habe es geschafft, die Sache durchzuziehen und weiterzumachen, indem ich die Gegend verlassen habe. Mir ist bewusst, dass nicht jeder die nötigen Mittel und Möglichkeiten dazu hat. Einige von euch müssen vielleicht beim selben Job oder an derselben Schule oder in derselben Nachbarschaft wie der Täter bleiben. Vielleicht wohnt ihr sogar im selben Gebäude. Deshalb musst du lernen, wie du ihn „stilllegen" kannst, indem du sein Verhalten neutralisierst und aufhörst, seinen Narzissmus zu füttern.

Eine sehr gute Methode ist, ihn vollkommen zu ignorieren; so zu tun, als würde er nicht existieren, und auf keine seiner Provokationen einzugehen. Es wird viel Übung und Willensstärke erfordern, aber es fühlt sich toll an, einfach an ihm vorbeigehen zu können, als wäre er gar nicht da. Ich erinnere mich, dass es mein größter Wunsch war, ihm eines Tages in die Augen zu schauen und dabei überhaupt nichts zu fühlen. Ich hoffe, dass ich ihn nie wieder sehen muss, aber ich bin mir sicher, dass ich es ohne Probleme und Zögern tun könnte. Genau das willst auch du erreichen. Es gibt noch einige andere Tricks, die sehr effektiv gegen Narzissten sind. Ich werde sie dir beibringen.

Du wirst noch eine ganze Weile unter seelischen Schmerzen leiden, nachdem du den Kontakt abgebrochen und die Beziehung beendet hast. Dein Selbstbild könnte zerbröckelt sein und du wirst dich wahrscheinlich eine Zeit lang zerbrechlich und verwundbar fühlen. Im nächsten Teil dieses Buches werden wir uns mit den Besonderheiten der Heilung und der Wiederherstellung deiner emotionalen Basis befassen. Mein Ziel ist es, dir zu helfen, typische Verhaltensmuster zu erkennen, sodass du dich vom nächsten Narzissten fernzuhalten vermagst. Ebenso wichtig ist es, dass du ihm und dir selbst vergibst und mit Power vorwärtsgehst. Du musst wieder das Gefühl haben, dass du dich auf dein eigenes Urteilsvermögen verlassen kannst, und lernen, anderen Menschen wieder zu vertrauen.

Viele Frauen, die ein Trauma überwinden, haben das Gefühl, dass sie eine Art Aussprache brauchen, um loslassen und weitermachen zu können. Sei darauf vorbereitet, dass es zu dieser Aussprache wahrscheinlich nie kommen wird. In diesem wie auch in allen anderen Fällen musst du in der Lage sein, Frieden mit der Vergangenheit zu schließen und sie loszulassen. Und genau hier ist Vergebung wichtig. Du musst ihm und allen anderen Menschen in deinem Leben vergeben. Vor allem aber musst du dir selbst vergeben.

Vergebung ist kein Freispruch und keine Rechtfertigung für sein Verhalten.

Ihm zu vergeben, wird dir den inneren Frieden bringen, den du brauchst, um mit Kraft und Zuversicht vorwärtszugehen. In den nächsten Kapiteln wirst du erfahren, wie du das bewerkstelligen kannst. Du wirst erfahren, wie du damit abschließen kannst, auch wenn du es ihm niemals heimzahlen oder eine persönliche Aussprache mit ihm haben kannst. Manchmal ist die beste Rache, fabelhaft auszusehen und ein glückliches, erfolgreiches Leben zu führen.

Im Moment fühlst du dich vielleicht einsam und isoliert. Du hast das Gefühl, dass niemand versteht, was du durchmachst, und dass du nie wieder glücklich sein wirst. Ich möchte dir Zuversicht und Hoffnung geben, indem ich dir von mir selbst, aber auch von anderen Frauen erzähle, die den Schlussstrich gezogen haben und vorwärtsgegangen sind. So ungewöhnlich deine Situation auch sein mag, es gibt bestimmte Phasen, Emotionen und Schritte zur Ermächtigung, die auf fast jeden von uns, der Missbrauchsopfer wurde, zutreffen. Du bist nicht allein.

Wenn du das hier gerade liest, hältst du dieses Buch aus einem bestimmten Grund in den Händen. Ich hoffe, dass es dir eine Hilfe sein und dich inspirieren wird. Es zu schreiben, war für mich ein weiterer Schritt auf meinem Weg zur Genesung. Ich habe dabei sogar noch einiges dazugelernt. Jeder hat seine eigene individuelle Geschichte. Tu alles, was nötig ist, um dein eigenes Happy End zu schreiben.

Meine Reise führte mich in eine neue Stadt. So habe ich schließlich meine Leidenschaft fürs Schreiben wiederentdeckt und arbeite nun hauptberuflich als Freelancer. Noch gibt es keine Hochzeit oder Kinder, aber ich habe einen wunderbaren Mann, der mich so respektiert und behandelt, wie ich es verdient habe, und dieses Verhalten beruht auf Gegenseitigkeit.

Ich habe keine Ahnung, wohin diese Beziehung führen wird, aber darüber mache ich mir gegenwärtig auch gar keine Gedanken. Das Leben ist eine Reise, kein bestimmtes Ziel. Im Moment bin ich einfach nur glücklich und zufrieden und genieße es, jemanden an meiner Seite zu haben, der in jeder Hinsicht ein wahrer Partner und ein großartiger Reisegenosse ist.

Ich wünsche dir, dass auch du deinen Traumpartner findest, selbst wenn das heißt, dass deine Reise für eine Weile solo verläuft. Möge er deiner würdig sein.

KAPITEL 7

DEN SPIESS UMDREHEN UND EIN BISSCHEN RACHE NEHMEN

Eines Tages lernte Ashley zufällig durch einen Vorfall, wie sie ihrem missbräuchlichen, narzisstischen Freund das Handwerk legen konnte. Nachdem sie sein Lieblingshemd nicht gefunden hatte, ging es wieder damit los, wie nutzlos und unorganisiert sie sei.

„Ist es in der Schmutzwäsche?", fragte er zum dritten Mal, nachdem er einen Wäschekorb voller Klamotten auf den Boden geworfen hatte, den sie erst vor einer Minute schön säuberlich sortiert hatte.

„Ich weiß nicht", antwortete sie unter Tränen. *„Das letzte Mal, als ich es sah, war, als du es vergangene Woche anhattest."*

„Wenn du nicht so chaotisch wärst, müsste ich mich nicht durch dieses Durcheinander wühlen. Wegen dir bin ich jetzt zu spät dran!"

Ashleys Tränen waren Tränen der Wut und der Verzweiflung. Sie war weder seine Mutter noch seine Hausangestellte. Warum konnte sich ein erwachsener Mann nicht um seine eigenen Klamotten kümmern? Ihr lag eine scharfe Bemerkung auf der Zunge, die das Ganze jedoch noch schlimmer gemacht hätte, aber sie war es leid, immer wieder denselben Streit zu führen, außerdem hatte sie kaum geschlafen und fühlte sich völlig erschöpft.

Sie setzte sich aufs Bett und antwortete mit leiser Stimme: *„Tut mir leid, dass du so denkst. Danke, dass du mir gesagt hast, wie verantwortungslos du mich findest.“*

Die verbalen Attacken hörten von einer Sekunde auf die andere auf. Er suchte sich ein anderes Hemd, warf ihr einen zornigen Blick zu und ging.

Normalerweise hätte sie ihm gesagt, dass es nicht ihre Aufgabe war, darauf zu achten, dass er seine Sachen fand. Die Situation wäre eskaliert, bis er schließlich wutentbrannt hinausgestürzt wäre, die Tür hinter sich zugeschlagen hätte und sie allein in Tränen zurückgelassen hätte.

Was machte den Unterschied?

Ashley neutralisierte seine Anschuldigungen, indem sie sich entschuldigte und ihm zustimmte. Das bedeutet jedoch nicht, dass sie tatsächlich glaubte, sie sei faul und verantwortungslos, obwohl man anfangen könnte, daran zu glauben, wenn man es Tag für Tag hört. Stattdessen stimmte sie – unbeabsichtigt – der Tatsache zu, dass er sie so sah, und entschuldigte sich dafür, dass er so über sie dachte.

Der Narzisst sucht Anerkennung und Zuspruch, indem er

anderen Vorhaltungen macht. Indem sie seine Aussage bestätigte, anstatt in die Defensive zu gehen und den Streit infolgedessen eskalieren zu lassen, gelang es ihr, die Situation zu entschärfen.

Mit etwas Übung und beharrlicher Umsetzung werden solche Entschärfungstechniken dem Narzissten den Zugang zu Emotionen verwehren, von denen er sich ernährt. Es gibt bestimmte Phrasen, die dem verbalen oder emotionalen Missbrauchsverhalten die Schlagkraft nehmen und dem Narzissten keine Möglichkeit mehr geben, zu reagieren.

Es tut mir leid, dass du so denkst.

Indem er dich beschuldigt, verantwortungslos, dumm, faul oder was auch immer zu sein, versucht er, dich in Rage zu bringen und den weiteren Verlauf des Geschehens zu steuern. Wenn du mit einem Satz antwortest, der seine Gefühle anerkennt, ohne dabei seine Anschuldigungen zu bestätigen, ihnen aber auch nicht widersprichst, kannst du dich zunächst einmal aus einer Dynamik befreien, die wahrscheinlich zu einem Verhaltensmuster geworden ist.

Ich akzeptiere, dass du ein falsches Bild von mir hast.

Dadurch gestehst du dem Narzissten zu, dass er eine verzerrte Vorstellung von dir hat und dass du das akzeptierst, ohne jedoch das Bedürfnis zu verspüren, dich zu verteidigen. Du machst ihm klar, dass er keine Reaktion aus dir herausmanipulieren kann. Er hat keine Kontrolle über dich und du hast keine Kontrolle über ihn.

Ich weiß, dass ich keine Kontrolle darüber habe, wie du mich siehst.

Indem du dich nicht gegen seine Wahrnehmung verteidigst und gleichzeitig sein Recht auf sie anerkennst, machst du seine Manipulationsversuche zunichte. Wenn der Narzisst eine Anschuldigung gegen dich erhebt oder versucht, dich zu gaslighten, erzeugt er eine Dynamik, in der du das Bedürfnis verspürst, ihm das Gegenteil zu beweisen oder dich gegen eine Fehlinterpretation deines Verhaltens oder der Situation zu verteidigen. Indem du sagst, dass du keine Kontrolle über seine Wahrnehmung hast, machst du ihm indirekt klar, dass seine Wahrnehmung falsch ist, du aber nicht mehr daran interessiert bist, sie zu korrigieren.

Du darfst deine eigene Meinung haben.

Auch so kannst du ihm mitteilen, dass du keine Kontrolle über seine Wahrnehmung der Dinge oder der Situation hast, aber auch nicht das Interesse, die Zeit oder die Energie, sie zu bestreiten. Jeder darf seine eigene Meinung haben, und du akzeptierst das als sein Recht, ob du mit seiner Meinung einverstanden bist oder nicht. Drückt man es so aus, entschärft man die aktuelle Meinungsverschiedenheit, anstatt sie eskalieren zu lassen.

Ich bin nicht für deine Gefühle verantwortlich.

Das ist die zweite Botschaft der „Es ist mir egal, was du denkst"-Antwort. Bei Narzissten dreht sich alles darum, das Gespräch auf sich selbst und ihre eigenen Gefühle zu lenken. Der Grund, warum sie sich oft für Empathen entscheiden, ist, dass sie wissen, dass wir uns nicht wohlfühlen, wenn jemand wütend auf uns ist, und dass wir alles in unserer Macht Stehende tun werden, um ihn wieder glücklich zu machen. Wir verinnerlichen auch die Emotionen und Projektionen anderer Menschen.

Indem du die Verantwortung für seine Gefühle zurückweist, zeigst du ihm, dass du nicht mehr zulässt, dass du von der Angst beherrscht wirst, was er von dir denkt oder hält. Du weißt,

– dass du keine Kontrolle über seine Gedanken oder über seine Ansichten hast.

– dass er das Recht hat, zu denken oder zu fühlen, was auch immer er will.

– dass du nicht dafür verantwortlich bist.

Damit fällt diese Verantwortung direkt auf auf ihn zurück. Es limitiert sein Anspruchsdenken und seine Anschuldigungen gehen auf seine eigene Kappe.

Selbstverteidigung ist eine natürliche Reaktion auf eine ungerechte Beschuldigung. Dies gilt insbesondere für Empathen, die Ungerechtigkeit und Unlauterkeit hassen. Die Abwehrhaltung nährt die Bedürfnisse des Narzissten. Es erregt ihn, dich verwirrt, verletzt oder wütend zu sehen. Diese Antworten, mit denen du die Verantwortung von dir weist, werden dir vermutlich anfangs nicht so leicht über die Lippen gehen, aber du musst lernen, zu antworten, anstatt zu reagieren. Er sucht nach einer Reaktion, weshalb ihn eine neutrale, nicht anklagende Antwort aus dem Gleichgewicht bringen wird.

Denke daran: Du hast keine Kontrolle über sein Verhalten oder seine irrationale Denkweise. Du kannst nur die Art und Weise ändern, wie du auf sie reagierst.

Versuche, beim nächsten Mal eine dieser Aussagen zu verwenden, wenn es zu irrationalem oder missbräuchlichem Verhalten kommt, und beobachte, wie schnell es den Aggressor entkräften wird. Falls nötig, kannst du diese Antworten vorher üben, bis du dir sicher bist, dass du sie in aller Ruhe und ohne Gegenwehr aussprechen kannst, egal wie wütend du im Inneren bist. Es erfordert eine gewisse Selbstdisziplin, wenn man im Eifer des Gefechts ist. Aber jetzt, da du weißt, wie er Worte als Köder benutzt, wirst du ihm einen Schritt voraus sein.

Das ist auch der erste Schritt zur Lösung.

Eines der fatalen Probleme, die aus der Beziehung zu einem Narzissten resultieren, ist die Dynamik, die zur Co-Abhängigkeit führt. Zu Beginn der Beziehung wirst du versuchen, seinen Schmerz zu lindern, ob real oder übertrieben. Du ahnst noch nicht, dass es sich um eine Show handelt, und so fixierst du deine empathische, mitfühlende Seite auf sein Bedürfnis nach Trost und Aufmerksamkeit. Das macht die eigene Verteidigung schwierig, selbst angesichts massiver logischer Irrtümer. Zwischen Gaslighting, Projektion und permanenter Entwertung wirst du verwirrt, erschöpft und enttäuscht sein.

Vergiss nicht, dass der offene Missbrauch normalerweise erst dann beginnt, wenn du bereits unter seinem Einfluss stehst. Wenn du jemanden gerade erst kennengelernt hast und er missbräuchlich, manipulativ oder kontrollsüchtig wird, wirst du wahrscheinlich so schnell wie möglich von ihm wegkommen wollen. Wenn jedoch alles wunderbar beginnt und du in diese

Person verliebt bist, verursachen diese Verhaltensweisen Schmerz, Verwirrung und Wut. Es ist eine natürliche Reaktion, das Falsche in Ordnung bringen zu wollen, sich gegen Ungerechtigkeit zu verteidigen oder seine irrationalen Ausbrüche mit einem Gegenangriff zu bekämpfen.

Mit einem Narzissten zusammen zu sein, ist wie ein Kind zu haben. Du warnst ihn, dass er sich wehtun wird, wenn er nicht mit seinem unangemessenen Verhalten aufhört. Wenn er trotzdem weitermacht, tut dir das weh, weil du dein Kind nicht leiden und verärgert sehen willst. Auch wenn es nicht auf dich gehört hat, liebst du es und möchtest, dass alles gut wird.

Nur ist der Narzisst kein Kind, und sein gefährliches Verhalten hat Konsequenzen.

Kann sich ein Narzisst wie ein Kind bessern und lernen, ein besserer Mensch zu sein?

Viele Denkrichtungen und Ratgeber empfehlen, Mitgefühl und Empathie einzusetzen, um den Narzissten durch Verständnis und positive Verstärkung zu einem besseren Verhalten zu „trainieren". Meiner Meinung nach kann dies zu dem Glauben führen, dass man ihn in Ordnung bringen oder sein Verhalten ändern kann. Das ist die Falle, in die ich getappt bin, wie viele andere Frauen auch. Der Narzisst weckt Mitleid; er weiß, dass seine Worte und sein Verhalten ihm diese Reaktion bringen werden, und der Zyklus beginnt.

Kann einem Narzissten geholfen werden?

Das hängt davon ab, wo er auf der NPS-Skala steht, außerdem von seinem Selbstbewusstsein, seiner Änderungsbereitschaft sowie auch von deiner zwischenmenschlichen Dynamik. Menschen, die in unserem Leben nicht von Bedeutung sind, können wir einfach meiden. Wenn der Narzisst jedoch z. B. eines deiner Elternteile ist, kannst du kaum etwas anderes tun, als dich von seinem Verhalten nicht stören zu lassen und möglichst Abstand zu halten.

Falls das nicht möglich ist, werden dir deine entschärfenden Statements helfen, eine Eskalation zu vermeiden. Eine Therapie kann dir auch helfen, damit klarzukommen, auch wenn du dem Narzissten selbst nicht helfen kannst.

Wie sieht es mit narzisstischen Chefs oder Lehrern aus?

Wir alle hatten schon einmal einen. Es ist vielleicht nicht immer möglich, die Schule oder den Job zu wechseln, aber es ist immer eine Option. Du kannst auch zu deinem Studentensprecher oder zur Personalabteilung gehen und versuchen, eine Art Lösung zu finden.

Wenn du Anzeichen von Narzissmus in deinem Kind erkennst, denke ich, dass es als Elternteil deine Pflicht ist, ihm jede Hilfe zu bieten, die es benötigt, um zu einem einfühlsamen, ausgeglichenen Erwachsenen zu werden. Eine Ausnahme gilt für erwachsene Kinder. Du musst dir von niemandem Missbrauch oder Respektlosigkeit gefallen lassen. Als Elternteil wirst du deinem Kind helfen wollen. Du hast es vielleicht jahrelang versucht. Irgendwann muss es aber selbst die Verantwortung für sein Verhalten übernehmen.

Narzisstische Freunde und Ehemänner sind eine andere Sache. Wir bauen zu jemandem eine intime Verbindung auf, die wir mit Eltern, Freunden, Vorgesetzten und Kindern nie erfahren.

Obwohl narzisstische Tendenzen mit Liebe und Geduld gemildert werden können, werden echte Narzissten dich in der Regel zerstören, bevor sie irgendeine Stufe der Selbsterkenntnis erreichen, falls sie es überhaupt jemals tun.

Die einzige Antwort ist, ihr Verhalten zu entschärfen, sich körperlich und emotional von ihnen zu lösen und so weit wie möglich von ihnen wegzukommen.

Wenn du Glück hast, wird der Narzisst von dir weggehen, sobald er merkt, dass du seine Psychospielchen nicht mehr mitspielen willst. Lass ihn.

Wenn du aber einen hartnäckigen Narzissten hast, der nicht gehen will, oder wenn du aus beruflichen oder familiären Gründen mit ihm in Kontakt bleiben musst, wirst du tough werden müssen.

Wenn nichts hilft, räche dich!

Rache kann durchaus süß sein. Sie ist eine natürliche Reaktion auf Schmerz und Demütigung. Selbstverständlich willst du deinen missbräuchlichen, zukünftigen Ex nicht verletzen, schon gar nicht körperlich. Wenn du dich von ihm in einen Streit oder eine andere heftige Reaktion hineinziehen lässt, wird die Situation eskalieren und der Schmerz noch länger anhalten. Es ist, als würde man Öl ins Feuer gießen, um es zu löschen. Aber du kannst ihm eine Kostprobe seiner eigenen Machtspielchen geben, und zwar auf eine effektive Weise. Das wird seinen Narzissmus nicht heilen; nichts Geringeres als eine intensive Therapie kann das tun. Aber es wird ihn aus der Fassung bringen, wenn er merkt, dass du sein Spiel durchschaut hast und immer besser darin wirst.

Das missbräuchliche Verhalten zu entschärfen, indem du deine Reaktion änderst, ist entscheidend. Um das zu tun, musst du wissen, wie er tickt.

Das Hauptmotiv des Narzissten ist, eine emotionale Reaktion auf seine Manipulationen zu bekommen. Es spielt keine Rolle, ob sie positiv oder negativ ist, solange er irgendeine Reaktion auslösen kann. So behält er die Kontrolle, und solange er deine Emotionen und Reaktionen kontrolliert, hat er die Kontrolle über dich. Du bist seine narzisstische Bestätigung.

Wenn du den Spieß umdrehst, wirst du ihm den Wind aus den Segeln nehmen. Du wirst mit erhobenem Haupt von ihm weggehen und dich auch dann furchtlos und selbstbewusst zeigen können, wenn du ihm danach wieder begegnen solltest. Bedenke, dass Letzteres durchaus möglich ist; es sei denn, du ziehst weg oder wechselst deinen Job oder eure Kinder sind erwachsen und leben allein. Wenn ihr in derselben Stadt lebt, gibt es jede Menge öffentliche Orte, an denen er dir auflauern könnte (Supermärkte, Kinos, Restaurants etc.).

Du musst dich mental und emotional auf diese Möglichkeit vorbereiten.

Wenn du erkennst, wie sich sein Verhalten und seine spezifische Vorgehensweise manifestieren, wirst du in der Lage sein, mit seinen eigenen Waffen Abwehrmechanismen zu entwickeln und ihn zu neutralisieren. Das wird den Weg zur Lösung ebnen, selbst wenn du am Anfang Desinteresse vortäuschen musst. Übung macht den Meister. So wie er dich systematisch niedergerissen und dir immer mehr dein Selbstwertgefühl genommen hat, genauso systematisch kannst du es wieder aufbauen – mit entschlossenem, konsistentem Verhalten.

Wenn er nicht gehen will, besteht die Lösung darin, eine strikte Kontaktsperre einzuleiten. Das bedeutet absolut keinen Kontakt, kein Durchstöbern seiner Social-Media-Profile, keine Anrufe und keine SMS. Anfangs kann das sehr schwierig sein. Die meisten von uns hoffen insgeheim, dass es ihm leidtun wird, wenn er merkt, dass wir weg sind, dass er sich ändern und versuchen wird, uns zurückzugewinnen. Nimm dich in Acht, wenn dein Narzisst versucht, sich mit Versprechungen und Love-Bombing wieder in dein Leben einzuklinken. Denke daran, wie es zu diesem Punkt gekommen ist.

Soziale Medien haben sicherlich Vorteile, aber all diese Plattformen sind für Narzissten wie ein Geschenk des Himmels. Vielleicht sind sie sogar mitverantwortlich für das zunehmende narzisstische Verhalten der Bevölkerung. Soziale Medien sind eine hervorragende Gelegenheit, sich einen Harem aufzubauen und das eigene Ego zu füttern. Sie ermöglichen es Narzissten, ein perfektes Image für die Öffentlichkeit zu schaffen, das nur selten angezweifelt werden kann. Sie können unendlich viele Crewmitglieder rekrutieren, die sich ihrem Kreis von Bewunderern und Unterstützern anschließen werden und die ihnen als Primärquellen narzisstischer Bestätigung in Form von „Followern“ und „Freunden“ dienen.

Mit seinem Profil kann er dich auch direkt oder indirekt ansprechen und deine Emotionen manipulieren.

Das kann passieren, wenn man sich sein Profil anschaut.

Als ich mir an dem Tag, nachdem ich ihn verlassen hatte, das Profil meines Ex-Freundes angeschaut habe, war es voller Selbstmitleid und Beschuldigungen, dass ich ihn in seiner schwersten Zeit verlassen hätte, dass ich eine Lügnerin sei und dass er sein Glück versucht hätte und ihm das Herz herausgerissen worden sei. Ich wollte nicht zulassen, dass er dadurch die von ihm gewünschte Reaktion erhält – dass ich zu ihm zurückgekrochen komme und mich entschuldige. Stattdessen war ich angewidert und abgestoßen. Es brauchte viel Willensstärke, um nicht noch einmal auf sein Profil zu gehen oder ihn zu kontaktieren, als ich schon über ihn hinweg war und in der Stadt meine Familie besuchen wollte. Ich musste mir selbst die Frage stellen, was ich durch einen eventuellen Kontakt überhaupt erreichen wollte. Die Antwort war: nicht viel. Einige unserer gemeinsamen Freunde hatten das Bedürfnis, mich über sein Kommen und Gehen zu informieren, bis ich ein Machtwort gesprochen habe.

Ein anderes Beispiel ist meine Freundin Katy. Sie ist ein geselliger Typ und soziale Medien sind ihr natürlicher Lebensraum. Ihr Ex hatte ein völlig neues, glückliches Leben für sich selbst erfunden und es fast ausschließlich online gelebt. Als er nicht die gewünschte Reaktion von ihr bekam – Eifersucht und Bedauern, dass sie ihn verlassen hat –, fing er an, Fotos von sich selbst und anderen Frauen zu posten und sie darin zu markieren. Er schickte ihr diese Fotos auch im Messenger mit Kommentaren wie: „Ich hätte dich besser behandelt, wenn du so heiß wie sie wärst". Als sie nicht so antwortete, wie er es sich erhofft hatte, eskalierten die Attacken. Er schrieb, dass sie wahrscheinlich nicht antworten könne, weil sie zu sehr damit beschäftigt sei, zu weinen, und dass sie eifersüchtig sei und ihn zurückwolle. Überdies hinterließ er passiv-aggressive Kommentare auf Profilen, mit denen sie bekanntlich interagierte.

Gott sei Dank ist sie nicht darauf hereingefallen. Stattdessen postete sie einen bloßstellenden Beitrag über sein Fake-Leben und seine Bedürftigkeit und ließ diesen nur so lange stehen, bis er ihn gesehen hatte. Dann löschte sie den Post und ihn. Seitdem war sie nie wieder auf seinem Profil.

Eine effektive Technik, mit der man einen hartnäckigen Narzissten loswerden kann, ist die „Gray-Rock-Methode". Auch diese Technik erfordert Übung, aber sie hat sich selbst bei den widerwärtigsten, bösartigsten Narzissten als äußerst wirksam erwiesen. Sie funktioniert auch,

– wenn ihr gemeinsame Kinder habt.

– wenn es Familienfeiern oder andere Veranstaltungen gibt, bei denen er dabei sein wird, (wie z. B. Feiertage oder Hochzeiten).

– wenn ihr zusammen arbeitet.

– wenn ihr ein gemeinsames Unternehmen oder Eigentum besitzt und du dich immer noch über deine rechtlichen Möglichkeiten informieren musst, um aus der Situation herauszukommen.

Was ist das für eine Technik?

Sie basiert auf der Erkenntnis, dass der Narzisst der Star in seinem eigenen Drama ist. Er verteilt die Rollen, schreibt das Skript, leitet die gesamte Show und fungiert sogar als Publikum, das zusieht, wie sich die Geschichte entfaltet. Er ist kein Marktschreier, er ist eine Ein-Mann-Theatertruppe.

Die Sache ist die: Dieses Drama ist für ihn nur dann interessant, wenn jeder seine Rolle so spielt, wie er es geschrieben und angeordnet hat.

Was du tun musst, ist, vom Skript abzuweichen und zu improvisieren. Würdest du dir ein Stück ansehen wollen, bei dem ein Charakter nur dasteht oder sitzt und dabei in keiner Weise zum Dialog, zur Spannung oder zur Handlung beiträgt? Nein! – *Der Narzisst auch nicht.*

Das Ziel ist es, ihn nicht völlig zu ignorieren, so verlockend das auch sein mag, wenn er dich am schlimmsten missbraucht. Der Schuss kann nach hinten losgehen und sein Verhalten eskalieren lassen, wie ich es erleben musste, als Mike mir mitten auf der Straße zur Hälfte die Kleider vom Leib riss, da ich versuchte, ihn zu ignorieren und einfach weiterzugehen.

Du wirst einfach ein Stein. Ein langweiliger, öder, grauer Stein.

Narzissten ernähren sich von Emotionen, also lass ihn verhungern. Das tust du, indem du deine Reaktionen kontrollierst und dich nicht von ihm in einen Streit verwickeln oder emotional verletzen lässt.

Wie sieht das in der Praxis aus?

Wenn er dich am Tag der offenen Tür in der Schule deines Sohnes anspricht und fragt, wie es dir geht, sage einfach: „Mir geht es gut“ und gehe weg.

Wenn er dir folgt und auf ein Gespräch besteht, antworte so kurz und emotionslos wie möglich. Falls er dir sagt, dass du langweilig geworden bist, nicke einfach und gehe weiter. Es gibt Situationen, in denen ein einfaches Ja oder Nein nicht ausreicht. In solchen Fällen solltest du keine eindeutige Antwort geben, insbesondere nicht, wenn es so zu einem Streit oder zu einer Auseinandersetzung kommen könnte. Sag einfach etwas Unverbindliches, wie „Vielleicht“ oder „Wir werden sehen, was passiert“. Lächle nicht; versuche, sichtbare Anzeichen von Nervosität zu kontrollieren, und zeige niemals Wut.

Das mag vielleicht so klingen, als würde ich dir raten, deine Gefühle zu unterdrücken oder sie zu verleugnen. Es mag sogar so wirken, als ob er dadurch immer noch die Kontrolle hätte. Aber sobald er merkt, dass er keine Reaktion mehr hervorrufen und deine Gefühle nicht mehr manipulieren kann, wird er aufhören, es zu versuchen.

Bei der Gray-Rock-Methode gibt es einige Regeln:

– Wenn er bei einem Familienfest am anderen Ende des Tisches sitzt oder bei einer Firmenveranstaltung am anderen Ende des Raumes steht, mache keine Show daraus und zeige ihm nicht, dass du Abstand zwischen euch schaffen willst. Gehe jede Interaktion gelassen und sachlich an.

– Beantworte niemals Fragen über dein Privatleben. Zum einen wird es ihn zu Einschüchterungsversuchen veranlassen. Zum anderen geht es ihn nichts an, mit wem du zusammen bist oder wo du jetzt arbeitest.

– Mache keine Show daraus, dass es dir gut geht, und erwecke nicht den Eindruck, dass du ihn eifersüchtig machen möchtest. Es wäre verlockend, ihm dein Glück und dein Wohlbefinden unter die Nase zu reiben, aber selbst wenn das nicht deine Absicht ist, würde man es so interpretieren. Was bringt dir das, abgesehen von einem kurzen Moment der Genugtuung? Außerdem, wenn es so ist, wird man es an deinem Aussehen und Verhalten erkennen können. *Das* wird ihn noch viel mehr verletzen.

– Stelle keine Fragen über sein Privat- oder Berufsleben. Diese Einzelheiten sollten für dich genauso wenig von Belang sein wie deine für ihn. Es gibt keinen Grund für leeres Geplapper mit jemandem, der dich missbraucht hat, und das hat nichts mit Unhöflichkeit oder sozialen Umgangsformen zu tun. *Es geht darum, Grenzen zu setzen und sich selbst zu schützen.*

Bei dieser Methode muss man zwei Dinge beachten:

1. Verwende sie nicht als Alternative für einen vollständigen Kontaktabbruch. Letzteres ist die bessere Option.

2. Verwende sie nicht in deinen Interaktionen mit Nicht-Narzissten. Es ist verlockend, die Gray-Rock-Methode generell dazu zu benutzen, um sich von anderen zu distanzieren. Das ist verständlich. Du bist traumatisiert und musst dich schützen. Die Gray-Rock-Methode ist jedoch als Notmaßnahme gedacht, wenn du in der Nähe von jemandem sein musst, der dich missbraucht hat, und nicht als eine Form der Selbstabschottung von anderen.

Mit Vorsicht vorgehen

Du weißt jetzt, dass der Narzisst Psychospielchen liebt, aber denke daran, dass bei dem Versuch, ihn in seinem eigenen Spiel zu besiegen, der Schuss nach hinten losgehen könnte. Er ist ein professioneller Manipulator, dessen Verhalten entweder genetisch programmiert ist oder durch Konditionierung seit seiner Kindheit geprägt wurde.

Wenn du lernst, wie du dich zuerst mental von ihm lösen kannst, wirst du die innere Kraft und das Selbstvertrauen haben, ihn mit seinen eigenen Waffen zu schlagen. Du kannst jetzt schon anfangen, zurückzuschlagen, noch bevor du die Beziehung beendet hast. Das wird die Trennung erleichtern und den Heilungsprozess beschleunigen.

KAPITEL 8

SICH VON EINEM NARZISSTEN LÖSEN

Jeder von uns geht unterschiedlich mit Trauer und Stress um. Ich kanalisiere es in körperliche Aktivität. Zwei Tage lang lag ich zusammengerollt auf meinem Bett und weinte mir die Seele aus dem Leib. Nach so vielen Monaten, in denen ich wie auf Eiern ging und permanent meine Emotionen unter Kontrolle zu halten versuchte, um ein Drama zu vermeiden, musste das einfach raus. Es war eine Erlösung. Als ich am dritten Tag aufwachte, war viel von meiner Anspannung weggespült worden. Ich fühlte mich ausgelaugt und erschöpft, aber es war an der Zeit, meinen Körper an seine Grenzen zu bringen und mich wieder so zu fühlen, als könnte ich Bäume ausreißen.

In dem Motel, wo ich unterkam, gab es einen kleinen Fitnessraum. Eine Stunde lang lief ich mit Vollgas auf dem Laufband. Erst später in der Nacht, als alles wieder still wurde, setzten die Traurigkeit und die Einsamkeit ein.

Als Folge einer missbräuchlichen Beziehung erleben wir intensive Wut oder Traurigkeit, aber es gibt Zeiten, in denen man sich einfach nur taub fühlt. Je nachdem, wie fortgeschritten die Beziehung war und welche anderen Angelegenheiten oder Verpflichtungen damit verbunden waren, wirst du dir möglicherweise deine gesamte Zukunft und deinen Lebensplan neu überlegen müssen.

Wenn du jung und selbst noch nicht ganz ausgereift bist, ist dieser Prozess schwierig, aber machbar; betrachte ihn als eine sehr harte Lebenslektion und lasse deinen Ex los. Reifere Frauen, wie meine Freundin Karina, die bisher keine Erfahrungen mit Missbrauch gemacht hatte, werden sich erinnern müssen, wer sie davor waren. Am schwierigsten wird es wahrscheinlich für Frauen sein, die eine missbräuchliche Kindheit hatten, Frauen, die in langjährigen Beziehungen waren und Kinder oder andere Bindungen mit ihrem Peiniger haben, und für Frauen, die in einer Reihe von missbräuchlichen Beziehungen waren.

Ich schätze, man hätte mich zu dem Zeitpunkt, als ich in dieser missbräuchlichen Beziehung war, zu der ersten Gruppe zählen können. Ich war Anfang zwanzig, frisch mit dem Studium fertig, in meiner ersten Wohnung und ersten ernsthaften Beziehung. Meine Eltern waren noch verheiratet und schienen eine ziemlich glückliche Beziehung zu haben. Sie haben sich wie jedes andere Paar auch gestritten, liebten sich aber im Grunde genommen und respektieren einander. Ich hatte noch keine Erfahrung mit Missbrauch gemacht oder wie man damit umgeht, und ich wusste nicht, an wen ich mich wenden sollte, um entsprechenden Rat einzuholen für die Situation, in der ich mich befand. „Verlass ihn einfach“ funktioniert nicht wirklich unter außergewöhnlichen Umständen.

Ein Beispiel für die zweite Gruppe ist meine Freundin Mary.

Ich traf sie in meiner Selbsthilfegruppe, aber sie war nicht dort, um über eine Trennung hinwegzukommen. Ihre 30-jährige Tochter war eine bösartige Narzisstin, die von Polizisten aus ihrem Haus abgeführt werden musste. Durch die Therapie und die Gespräche in der Gruppe fiel ihr ein Muster auf, das seine Wurzeln in der Erziehung hatte, die sie selbst als Kind genossen hatte, und das unabsichtlich bei ihrer Tochter gefördert wurde und auf die von ihr gewählten Männertypen übertragen wurde.

Ihren Vater bezeichnete sie als „launisch“ und ihre Mutter war eine sanfte liebe Frau, die alles tat, um ihn glücklich zu machen. Was auch immer zu Hause geschah, sei es beim Servieren des Abendessens oder wenn es darum ging, zu entscheiden, was man sich im Fernsehen anschauen würde, seine Wünsche hatten immer Vorrang.

Mary heiratete jung und war bereits im Alter von achtundzwanzig Jahren verwitwet. Ihr Ehemann war in jeder Hinsicht ein guter, fleißiger Mann gewesen. Auf dem Heimweg von einer Messe wurde er von einem Betrunkenen angefahren und kam dabei ums Leben, und so blieb Mary mit ihrer fünfjährigen Tochter allein. Mit der Lebensversicherung und einigen Ersparnissen kam sie finanziell zurecht – sie war keineswegs reich, aber abgesichert.

Wegen dieses Schicksalsschlages verwöhnte sie ihre Tochter über die Maßen. Sie wollte nicht, dass sie den Verlust ihres Vaters in einem so jungen Alter spüren musste, also scheute sie keine Mühe, ihr alles zu geben, was sie wollte. War ein anderes kleines Mädchen süß, war sie selbstverständlich süßer. Marys Tochter wurde von ihr bei jedem und allem zur Talentiertesten und Besten erklärt, ob das nun wahrheitsgemäß war oder nicht.

Das war in Ordnung und nachvollziehbar, als sie sehr klein war und der Tod ihres Vaters noch sehr frisch war. Aber es geriet außer Kontrolle. Da ihre Mutter sie zum Zentrum ihrer Welt gemacht hatte, erwartete Marys Tochter, dass auch alle anderen das tun würden. Und das funktioniert nicht so gut, wenn ein Kind in die Schule kommt.

Sie schikanierte andere Kinder auf dem Spielplatz. Wenn sie etwas wollte, dachte sie, dass es in Ordnung sei, es einfach zu nehmen, denn das hatte ihre Mutter ihr zu Hause erlaubt. Wenn sie ihrer Mutter sagte, dass andere Kinder gemein zu ihr waren oder in der Pause nicht mit ihr spielen wollten, sagte Mary ihr, dass sie sie sowieso nicht brauche, dass sie niemanden brauche. Ihre Lehrer versuchten Verständnis zu zeigen, da sie wussten, dass sie ihren Vater verloren hatte, aber ihr Verhalten eskalierte bis zu dem Punkt, an dem sogar Mary feststellen musste, dass es ein Problem gab. Im Teenageralter entwickelte sie ein Anspruchsdenken und tyrannisierte ihre Mutter verbal. Als sie Mitte zwanzig war, wurde der Missbrauch körperlich.

Es ist eine Sache, zu versuchen, deinem Kind Selbstvertrauen zu geben oder es zu verwöhnen, während es sich mit der Trauer auseinandersetzt. Es ist etwas ganz anderes, es so zu erziehen, dass es glaubt, dass es das Zentrum des Universums ist. Marys Tendenz, es anderen immer recht machen zu wollen, hatte ihren Ursprung in der Beziehung ihrer Eltern. Diese Tendenz wurde verstärkt durch ihre fehlgeleiteten Versuche, ihrer Tochter beim Umgang mit dem Verlust ihres Vaters zu helfen, und auf jede Beziehung übertragen, die sie je hatte.

Das ist ein Beispiel dafür, dass Narzissten manchmal von wohlmeinenden Eltern geschaffen werden. Da sich Mary in einem

Haus, in dem sich alles um ihren Vater drehte, nahezu unsichtbar fühlte, war es einfacher für die willensstarke Tochter und die Männer in Marys Leben, sie zu dominieren, genauso wie es für Mary relativ unproblematisch war, dieses Verhalten zu akzeptieren. Mary war ein „leerer Kasten“, den andere Menschen mit ihren eigenen Wahrnehmungen von ihr füllen konnten, so wie es ihnen gerade passte. *Es ist schwieriger, deine Identität zurückzugewinnen, wenn du dir nicht sicher bist, wer du eigentlich bist.*

Marys Genesung ist noch nicht abgeschlossen und wird sich wahrscheinlich noch einige Zeit fortsetzen. Aber sie macht Fortschritte, und das ist immer gut.

Da wir alle einzigartig sind und unsere Lebensumstände sich von denen anderer Menschen unterscheiden, erleben wir Trauer und Genesung in unserem eigenen Tempo und auf unsere eigene Weise. Es gibt sogar wissenschaftliche Studien darüber, was mit uns passiert, wenn wir eine Trennung hinter uns haben, insbesondere wenn schwerer emotionaler Missbrauch im Spiel war. Was auch immer du gerade durchmachst, ist echt. Es ist nicht nur in deinem Kopf, und du übertreibst nicht.

Jede Trauer um einen Tod – einschließlich des Todes einer Beziehung und der damit einhergehenden Zukunftsträume – erfolgt in mehreren Phasen. Wir durchlaufen sie nicht alle in der exakt gleichen Reihenfolge, in der sie hier aufgeführt sind, und wir können sogar rückfällig oder regressiv werden, bis wir uns endlich frei vorwärtsbewegen können.

Wenn du in einer missbräuchlichen Situation bist, musst du zuerst lernen, sie als solche zu erkennen. Dann kannst du anfangen, Grenzen zu setzen. Das ist die letzte Phase, bevor die Bindung endgültig gelöst wird.

Aber was kommt als Nächstes?

Du hast eine traumatische Situation hinter dir, fühlst dich ausgelaugt und emotional instabil. Du musst lernen, dich selbst und deine eigenen Bedürfnisse an erste Stelle zu setzen. Vielleicht tust du das zum ersten Mal oder nur zum ersten Mal seit langer Zeit.

Das Verlangen, sich an jemandem zu rächen, der uns verletzt und traumatisiert hat, ist verlockend, aber langfristig kontraproduktiv für deine Genesung und deine psychische Gesundheit. An Wut und Trauer festzuhalten, ist so, als würde man Gift nehmen und erwarten, dass die andere Person stirbt. Du hast genug Zeit und Energie an ihn verschwendet. Jetzt ist es an der Zeit, in dich selbst und dein eigenes Wohlbefinden zu investieren.

Experten im Bereich psychische Gesundheit sind sich grundsätzlich einig, dass eine traumatische Trennung in sieben Phasen erfolgt. Du wirst vielleicht nicht alle sieben im höchsten Maße erleben, und einige Frauen werden sie schneller als andere durchlaufen, aber du wirst jede von ihnen in irgendeiner Weise erleben.

Zu wissen, welches diese Phasen sind und was du während jeder Phase erwarten kannst, wird dir helfen, dich von ihm zu lösen und die Vergangenheit endlich ruhen zu lassen. Einige Tools werden dir helfen, diese Phasen zu durchlaufen.

1. Schock

Egal wie entschlossen du warst, die Beziehung zu beenden, du stehst immer noch unter Schock, dass sie vorbei ist. Du wirst die gesamte Beziehung durchgehen, bestimmte Momente Revue passieren lassen und jede einzelne Interaktion bis ins Detail analysieren, nach Hinweisen suchen und deine Entscheidungen hinterfragen. Nichts scheint real zu sein. Es wird schwer sein, sich vorzustellen, was als Nächstes auf dich zukommt.

Es ist völlig normal, Angst zu haben, Schlafprobleme zu haben, verwirrt zu sein oder sich sogar an bestimmte Dinge kaum erinnern zu können. Einige Teile der Beziehung können verschwommen und undeutlich scheinen.

Du könntest während dieser Zeit auch Reue empfinden – wenn du die Sache beendet hast – oder das Ganze nicht wirklich verstehen – wenn er es war, der gegangen ist. Egal, wie es zu Ende ging oder wer wen verlassen hat, du wirst wahrscheinlich hin- und herpendeln zwischen Zweifel und Klarheit, Trauer und Erleichterung, Bitterkeit und Resignation.

Das kann mehrere Tage dauern oder auch mehrere Monate. Möglicherweise wirst du während dieser Zeit anderen ein wenig auf die Nerven gehen, indem du ständig über die Beziehung und die Trennung sprichst und versuchst, Klarheit zu bekommen oder deine Entscheidung zu rechtfertigen. Du standest so lange unter Gaslighting und wurdest so sehr missbraucht, dass du kaum mehr Vertrauen in dein eigenes Tun und Denken hast, sodass du von anderen immer wieder die Versicherung brauchst, das Richtige getan zu haben. Du wirst dich permanent fragen, wie es ihm jetzt geht und wie sich die Trennung auf ihn auswirkt.

Während dieser Phase solltest du dich schonen. Wenn möglich, nimm dir ein paar Tage frei von deiner Arbeit oder von der Schule. Mache lange Spaziergänge, lege dich in die Badewanne, treibe Sport, führe lange Gespräche mit deiner besten Freundin oder mit deiner Mutter und lasse alle deine Emotionen raus. Tu, was immer du tun musst, um dich selbst ein wenig zu verwöhnen. Wahrscheinlich hast du dich schon seit geraumer Zeit nicht mehr auf dich selbst konzentriert und möglicherweise fühlst du dich jetzt sogar schlecht dabei.

Widerstehe der Versuchung, dich selbst mit Drogen, Alkohol oder anderen Dingen abzulenken, die kontraproduktiv oder gar gefährlich sind. Triff auch keine wichtigen Entscheidungen direkt nach der Trennung. Du bist momentan noch viel zu aufgewühlt, um klar denken zu können. Lass einfach deine Seele baumeln.

2. Verleugnung

Selbst wenn du glücklich und erleichtert warst, als du die Beziehung beendet hast, wird es einen Punkt geben, an dem du nicht glauben können wirst, dass es wirklich vorbei ist. Dieses Gefühl ist besonders ausgeprägt, wenn die Beziehung auf Co-Abhängigkeit, Missbrauch und Kontrolle basierte. Du könntest ein Gefühl der Panik verspüren, nachdem der erste Schock nachgelassen hat.

Es kommt in dieser Zeit häufig vor, dass man das Gefühl hat, dass die Trennung nur vorübergehend war, dass man nur ein paar Tage Abstand gebraucht hat und dass es ihm leidtun wird und er sich ändern wird. Viele Frauen kehren in dieser Zeit wieder zurück oder versuchen zumindest, sich mit dem Ex-Partner zu versöhnen.

Widerstehe dem Drang, ihn zu kontaktieren, sein Profil auszuspionieren oder ihn zu sehen.

Die Verleugnungsphase kann die schmerzhafteste und prekärste sein. Du hast all deine Zeit, Energie und Liebe investiert, um mit diesem Mann eine Zukunft aufzubauen oder zu planen. Vielleicht habt ihr auch mehrere Jahre zusammen verbracht, eine Familie gegründet, schwere Zeiten durchgemacht und euch aneinander gebunden. In dieser Phase wird das Trauern häufig aufgeschoben, weil das Trauern der Trennung eine Endgültigkeit verleiht, die du im Moment nicht verkraften kannst.

Wie kann das alles vorbei sein?

In diesem Moment wirst du anfangen, an deiner Entscheidung zu zweifeln. Du wirst vielleicht die guten Teile der Beziehung romantisieren und die schlechten minimieren. Du bist an diesem Punkt immer noch emotional an ihn gebunden, und du wurdest konditioniert zu glauben, dass alles deine Schuld sei. Was, wenn du einen Fehler gemacht hast?

Du wirst nach irgendeinem Hoffnungsschimmer suchen und dich daran festklammern. Das liegt zum Teil an den tiefen Emotionen, die du in eure Beziehung gesteckt hast. Außerdem wirst du dir im Moment möglicherweise gar keine Zukunft vorstellen können. Die Zukunft, die du dachtest zu haben, existiert nicht mehr, und das ist zu schwierig zu verarbeiten. Dies gilt für jede Trennung, aber es ist akuter, wenn in der Beziehung emotionaler Missbrauch und Manipulation vorlag.

Das Bedürfnis nach Kontakt oder einer Verbindung wird zu diesem Zeitpunkt fast schon überwältigend sein. Du wirst nur darauf fixiert sein, wie es ihm geht oder was er tut. Du wirst dich fragen, ob er so unglücklich und einsam ist wie du, ob es ihm leidtut, dass du weg bist, ob er dich zurückwill.

Ich möchte noch einmal darauf hinweisen, dass jeder Kontakt mit ihm zu diesem Zeitpunkt für dich gefährlich ist. Widerstehe dem Drang, ihn zu treffen oder mit ihm zu sprechen oder eure Freunde nach ihm zu fragen. Das bedeutet, kein Facebook-Stalking und kein Herumfragen, ob ihn jemand gesehen oder mit ihm gesprochen hat. Wenn er wütend oder verletzt wegen der Trennung ist, wird er dir wahrscheinlich alles versprechen, nur um dich wieder in seine Klauen zu bekommen.

Eine weitere Gefahr wäre, zu erfahren, dass ihm die Trennung überhaupt nichts ausmacht. Eine meiner Freundinnen aus der Gruppe machte den Fehler, an dem Haus ihres Ex vorbeizufahren, und sah ihn Hand in Hand mit einer anderen Frau hinausgehen und lächeln, nur wenige Tage nach ihrer Trennung. Szenen wie diese oder andere Anzeichen, dass er so leicht darüber hinweggekommen ist, während du emotional zerstört bist, werden dein Gefühl der Unzulänglichkeit nur verstärken und dich glauben lassen, dass all die Entwertung und Kritik an dir nicht unbegründet waren.

Vergiss nie, dass Narzissten nur selten echte Gefühle haben. Das meiste, was er gesagt und getan hat, um dich zu ködern, war ein Spiel für ihn. Das Love-Bombing, die Zärtlichkeit und die süßen Worte am Anfang waren Teil des Aktes, und die Versprechen waren bedeutungslos. Es war ihm wirklich egal, ob du bleiben oder gehen wirst. Dies könnte ein zusätzlicher Schlag für dein Ego sein, und zwar zu einer Zeit, in der es am anfälligsten ist.

Du wirst dich fragen: *„Wie kann man jemanden so sehr lieben, sein ganzes Herz in etwas stecken und feststellen, dass alles einseitig war?“*

Das ist eine Zeit, in der du dich mit Freunden und Menschen umgeben musst, denen du wirklich wichtig bist. Allein mit deinen Gedanken zu sein, wird deine Depression und dein Gefühl der Isolation nur verstärken. Erlaube dir, deine Gefühle zu fühlen und sie auf positive Weise zum Ausdruck zu bringen, indem du sie aufschreibst oder über sie sprichst. Den Trauerprozess aufzuschieben, wird ihn nur verlängern und diesen kleinen Hoffnungsschimmer nähren, dass die Trennung vorübergehend ist und dass alles wieder in Ordnung sein wird. Wenn nötig, erinnere dich an jede schreckliche Sache, die er jemals gesagt und getan hat, und denke daran, dass es nur schlimmer werden kann, wenn du versuchst, dich mit ihm zu versöhnen.

3. Verhandeln

Irgendwann im Laufe der Verleugnungsphase wirst du auch anfangen, mit dir selbst zu verhandeln. Du wirst vielleicht für eine Versöhnung beten oder Fantasien haben, dass er kommen und dich in seine Arme nehmen und dir sagen wird, dass alles wieder gut wird. Um „gut genug“ zu werden und ihn zurückzugewinnen, wirst du deine Macken analysieren und mit dir selbst Deals machen, dass du dünner, organisierter oder was auch immer wirst, was dir seiner Meinung nach fehlt.

Du könntest sogar noch einen Schritt weiter gehen und ihm all das versprechen. Das ist der letzte Hauch von Hoffnung, wenn man unterbewusst weiß, dass die Trennung echt ist und es kein Zurück mehr gibt. Die kognitive Dissonanz ist so stark, dass alles andere als Verleugnung fast zu schmerzhaft ist, um es zu verkraften. Deshalb verhandelst du, versprichst, dich zu ändern, oder versuchst, Versprechungen von ihm zu bekommen.

Nichts davon ist realistisch. All das sind hoffnungslose Versuche, den Schmerz der Erkenntnis zu lindern, dass die erhoffte Zukunft verloren ist. Zum einen spielen solche Auftritte und Verhandlungen dem Narzissten direkt in die Hände. Es wird mit Sicherheit ein Ego-Schub für ihn sein. Er könnte dich sogar zurücknehmen, nur um dich noch mehr zu misshandeln und sich mächtiger zu fühlen.

Ich weiß, wie schmerzhaft es ist zu begreifen, dass deine Beziehung auf Lügen und Manipulationen basierte und dass alle Gefühle, die er angeblich hatte, nur dazu bestimmt waren, dich zu manipulieren. Die Wahrheit ist, selbst wenn du der perfekteste Mensch der Welt wärst und alles „richtig" gemacht hättest (d. h. alles so, wie er es wollte), würde es trotzdem keinen Unterschied machen. *Beschuldigungen, Entwertung und emotionaler Missbrauch sind das Einzige, was er jemandem bieten kann.* Was er dir angetan hat, hat er der Frau vor dir angetan, und er wird es der nächsten antun. Sobald dir das klar wird und du dich daran erinnerst, wie wundervoll du wirklich bist, hast du die Hälfte schon geschafft.

Das Beste, was du in dieser Phase tun kannst, ist, dir selbst einen Ego-Kick zu geben. Nimm ein Blatt Papier und schreibe alles auf, was du schon geleistet hast, egal wie bedeutend oder unbedeutend es dir erscheint. Das wird den Fokus von ihm ablenken und ihn wieder auf dich richten, wo er auch hingehört.

Du wirst vielleicht überrascht sein, wie viele Dinge du vergessen hast. All die Dinge, die du verdrängt oder heruntergespielt hast, weil er sich von deinem Erfolg und deinen Leistungen bedroht fühlte. Wenn du einen Kurs zur Selbstverbesserung beginnen oder ein Makeover bekommen möchtest, dann tu es. Aber tu es für dich selbst, nicht weil du insgeheim hoffst, dass er dich, wenn du dich änderst, wieder auf magische Weise lieben wird. *Er hat dich nie wirklich geliebt. Es war alles nur gespielt.*

4. Isolation

Sobald du zu diesen Erkenntnissen kommst, wirst du dich für eine Weile von anderen isolieren. Das kann an Depressionen liegen, oder du hast vielleicht Angst, Menschen nahezukommen. Meistens ist das nur vorübergehend. Es ist normal, bestimmte Aspekte der Beziehung in deinem Kopf zu wiederholen. Im Gegensatz zu früher kannst du sie jetzt aus einer distanzierteren, objektiveren Perspektive betrachten. Du suchst nach Hinweisen, was schiefgelaufen ist, oder nach bestimmten Wendepunkten, die das Ganze hätten ändern können, wenn du dich nur anders verhalten hättest. Ein bisschen Introspektion ist okay, aber in Maßen.

Lass nicht zu, dass du wirklich zu dem grauen Stein wirst, den du spielst. Ich verstehe, dass du Angst hast, Dinge zu fühlen oder mit Menschen in Verbindung zu kommen. Das ist normal, nachdem man sich geöffnet hat und emotional ruiniert wurde. Du musst dich nicht sofort in eine neue Beziehung stürzen. Genau genommen ist es wahrscheinlich besser, wenn du das nicht tust, bis dein Heilungs- und Regenerationsprozess abgeschlossen ist.

Während dieser Zeit ist es wichtig, einen festen Tagesablauf zu haben. Stehe auf, gehe duschen, gehe jeden Tag zur Arbeit oder zum Unterricht. Du musst keine Gesellschaft suchen, wenn du sie wirklich nicht willst. Nutze die Zeit, während du allein bist, um wieder mit dir selbst vertraut zu werden und zu lernen, deine eigene Gesellschaft zu genießen. Sorge für eine gesunde Balance zwischen Alleinsein und sozialer Aktivität. Ich bin introvertiert, und es ist eine echte Herausforderung, mich aus dem Haus zu bekommen. Normalerweise muss ich mich selbst dazu überwinden, aber später freue ich mich immer, dass ich es getan habe.

Solltest du bemerken, dass sich die Depression verschlimmert oder die Isolation zu selbstzerstörerischen Gedanken führt, musst du mit jemandem darüber reden. Wenn es dir unangenehm ist, mit jemandem, den du kennst, darüber zu sprechen, gibt es Hotlines für häusliche Gewalt und Suizidprävention, bei denen jemand, der deinen Schmerz versteht, darauf wartet zu helfen.

5. Depressionen

Es gibt einen Unterschied zwischen Trauer und Depression. Trauer ist vorübergehend; klinische Depressionen erfordern dagegen eine Therapie und können jahrelang dauern. Solche chronischen, langfristigen Depressionen müssen sofort behandelt werden.

Diese Art von Depression ist eine vorübergehende Form, die etwas tiefer als Trauer geht. Sie ist ein normaler Teil des Trauerprozesses, in dem du um das trauerst, was war und was hätte sein können. Sie kann in jeder Phase der Genesung auftreten, und sie kommt und geht normalerweise.

Es wird Zeiten geben, in denen du immer noch verleugnen wirst, dass die Beziehung vorbei ist, oder in denen du das Gefühl haben wirst, dass du nie wieder jemanden so lieben und ihm vertrauen können wirst. Auch das ist normal. Ich kenne viele Frauen, die gesagt haben, dass sie „niemals ohne ihn leben" könnten. Und rate mal! Sie alle leben noch. Eigentlich strahlen sie sogar. Ich erinnere mich, meine Mutter gefragt zu haben, ob man an einem gebrochenen Herzen sterben kann. Vielleicht fragst du dich das auch. Manchmal war der Schmerz so real, dass ich das Gefühl hatte, dass mein Herz buchstäblich in zwei Hälften bricht. Das tat es aber nicht.

Während dieser depressiven Phasen solltest du versuchen, dich mit positiven Menschen zu umgeben und aufheiternde Dinge zu tun. Wenn du nicht aktiv bist, werde aktiv. Es gibt wissenschaftliche Beweise dafür, dass Spaziergänge in der Natur den Serotoninspiegel in deinem Gehirn erhöhen und das Wohlbefinden steigern. Das war eine meiner Lieblingsbeschäftigungen, um mich zu entspannen. Ich hatte lange Zeit damit aufgehört, nach dem, was ich heute als den „Vorfall in der Drogerie" bezeichne. Heute achte ich darauf, jeden Tag hinaus an die frische Luft zu gehen und einen Spaziergang zu machen. Dabei halte ich immer mal wieder an und rieche an den Rosen.

6. Wut

Du wirst in den verschiedenen Phasen sicher auch ein wenig wütend werden, aber wenn du eine echte Phase des Zorns erreichst, ist das ein gutes Zeichen. Wut ist eine Gabe, wenn man sie produktiv nutzt, anstatt sich selbst zu zerstören oder andere Menschen zu verletzen. Du hast ein Recht darauf, wütend darüber zu sein, wie du behandelt und erniedrigt wurdest, und du hast ein Recht darauf, sauer zu sein wegen all der Zeit, die du an jemanden verschwendet hast, der deiner nicht würdig war.

Lass es raus!

Gehe zum Kickboxen, schreie in ein Kissen, schreibe wütende Gedichte wie ich. Tu, was immer du tun musst, um deine Wut auszudrücken, und *lasse sie dann los*.

7. Endgültige Akzeptanz und Ablösung

Diese Phasen sind schwierig und anspruchsvoll, und es kann Jahre dauern, sie zu durchlaufen. Aber hoffentlich wirst du sie alle überstehen und unversehrt herauskommen. Wenn du dieses Buch in der Hand hast, ist das schon ein guter Anfang. Sobald du die Wut überwunden hast, bist du bereit, die Trennung endgültig zu akzeptieren und dich von deiner toxischen Bindung zu lösen.

Die Ablösung ist kein einfacher Prozess, obwohl du es vielleicht spannend finden wirst, neue Farben und Facetten deiner selbst zu erkunden. Du wirst dich mit deinem Irrglauben auseinandersetzen müssen, und du wirst die Verantwortung für die Rolle übernehmen müssen, die du in dem Drama gespielt hast.

Auch dies ist keineswegs eine Bewertung der Verantwortlichkeit. *Wir alle sind jedoch letztendlich dafür verantwortlich, wie wir auf die Lebensumstände reagieren und wie wir uns entscheiden, weiterzumachen, sobald wir die nötigen Informationen haben, um bessere Entscheidungen zu treffen.*

Wenn du den Narzissten mit seinen eigenen Waffen verschreckst, wirst du dich hoffentlich physisch von dieser

Beziehung lösen. Es wird jedoch viel länger dauern, sich auch emotional vollständig zu lösen. Sobald du das geschafft hast, wirst du stärker werden und dich auf deine nächste Beziehung vorbereiten können. Und falls er versucht, in dein Leben zurückzukehren (viele tun das), wirst du darauf vorbereitet sein.

Und glaube mir, es wird eine nächste Beziehung geben; also entspanne dich, verbringe Zeit mit deinen Freunden und mit deiner Familie, lerne dich selbst wieder kennen und genieße deine eigene Gesellschaft.

KAPITEL 9

STÄRKER UND WEISER: WEITERMACHEN

Während ich hier sitze und darüber nachdenke, wie ich dieses Buch beenden soll, mache ich mir Gedanken darüber, wie viel Druck die Gesellschaft und die Familie auf die Menschen ausüben, damit sie mit jemandem zusammenkommen, heiraten und sich niederlassen. Das hat mich schon immer gestört. Ich habe nichts gegen Beziehungen und ich bin auch kein Bindungsphobiker, wie es einmal meine Tante von mir behauptet hat.

Aber ich bin der festen Überzeugung, dass wir in der richtigen Stimmung sein und Beziehungen mit den richtigen Menschen und aus richtigen Gründen eingehen müssen. Wir sind mit jemandem zusammen, nur weil wir einsam sind, weil alle unsere Freunde in Beziehungen sind oder weil Filme und Fernsehsendungen uns den Eindruck vermitteln, dass wir ohne einen Partner an unserer Seite nicht vollständig seien.

Ich bin derzeit in einer großartigen Beziehung, die eine echte Partnerschaft ist. Ich bin nicht mit ihm zusammen, weil er mich glücklich *macht.* Mein Leben ist *glücklicher,* weil er ein Teil davon ist. Es hat lange gedauert, bis ich mit meinem Leben und der Person, die ich geworden bin, zufrieden genug war, um jemanden aufzunehmen, der es wert ist, Teil davon zu werden. Ich habe nicht einmal gesucht, als ich ihn gefunden habe, und ich denke, das ist auch wichtig.

So viele Frauen sind auf der Suche nach Liebe oder driften von Beziehung zu Beziehung und versuchen, den „Richtigen" zu finden. Wenn du in der Vergangenheit öfter mit missbräuchlichen Männern zu tun hattest, *wirst du immer wieder die Falschen wählen.* Es ist wichtig, die Lektionen aus deinem eigenen Leben zu lernen, ebenso wie die von denen, die den gleichen Weg gegangen sind, damit du wieder ganz und gesund sein kannst, bevor du dein Leben und dich selbst mit jemand anderem teilst.

Je mehr du verletzt wurdest, desto schwieriger ist es, deinen Instinkten und den Motiven eines anderen zu trauen.

Wenn ich durch meine Erfahrungen und Erkenntnisse auch nur einer einzigen Person etwas Schmerz ersparen kann, lohnt es sich, mich der Welt zu öffnen. Weisheit muss nicht ausschließlich mit dem Alter kommen; sie kann auch aus Erfahrung, Selbstwahrnehmung und aus dem zeitlichen Abstand heraus kommen. Fehler erkennen wir erst im Nachhinein. *Der Schlüssel zum Überleben unserer Lebenserfahrungen ist, sie in Lektionen umzuwandeln und stärker in die Zukunft zu gehen, aber auch weiser.*

Es ist einfacher, Hoffnung zu haben, dass du wieder glücklich sein wirst, wenn du siehst, dass es möglich ist. Egal wie schlimm die Lage ist, solange du am Leben bist, gibt es Hoffnung.

Du bist durch die Lektüre dieses Buches schon sehr weit gekommen, egal ob du auf diesem langen Weg deinen Peiniger verlassen hast oder nicht. Wo auch immer du gerade stehst, du bist weiter als gestern. *Das Heilen ist jedoch kein linearer Prozess, in dem man sich ständig vorwärtsbewegt.* Es wird Zacken, Rückschläge, Rückschritte und Unebenheiten auf dem Weg geben. Lass nicht zu, dass vermeintliche Fehler dich von deinem Weg abbringen. Dein Hauptziel ist es, dich auf die Zukunft zu konzentrieren.

Alles, was du in der Vergangenheit getan hast, jede Entscheidung, ob gut oder schlecht, hat dich zu der Person gemacht, die du heute bist. So schmerzhaft meine Erfahrungen auch waren, ich würde sie gegen nichts eintauschen, weil sie mich stärker, weiser und selbstbewusster gemacht haben.

Nachdem du dich von einer toxischen Person gelöst hast, ist es in Ordnung, ein bisschen egoistisch und wählerischer zu sein, wie du deine Zeit verbringst und mit wem du sie verbringst. Nutze all die positive Energie, die du gesammelt hast, um großartige Dinge für dich und die Welt um dich herum zu schaffen.

Ich bin ein großer Sammler, man könnte sagen, ein Hamsterer, von positiven Social-Media-Posts. Einige von ihnen sind banal und gewöhnlich, aber ich speichere und teile immer diejenigen, die bei mir einen Nerv treffen. Jawohl, ich bin diese Person in deinem Newsfeed.

Einer dieser Posts, der mir gerade eingefallen ist, lautet: „Lass nicht zu, dass die Welt dein Lächeln verändert. Lass dein Lächeln die Welt verändern.“ Das ist es, was ich dir wünsche.

Wie kannst du das erreichen?

Ich bin wohl die letzte Person, die Leute einen Optimisten nennen würden. Ich bin zynisch, ab und zu mürrisch und schreibe wütende Gedichte. Ich bin aber auch ein Empath, der lernen musste, Grenzen zu setzen. Generell bin ich jedoch ein positiver Mensch und jemand, auf den meine Freunde zählen können, wenn sie einen vernünftigen Rat brauchen.

Hier sind ein paar Worte der Weisheit für dich.

- Dein Peiniger ist Teil der Vergangenheit. Sobald du dich erfolgreich von ihm gelöst hast, lass ihn dort. Er ist ein Teil der Person, die du geworden bist, aber er ist eine alte Geschichte, und es gibt für ihn keinen Platz mehr in deinem Kopf oder in deinem Leben.

Es ist wichtig, sich selbst zu analysieren, und es gibt Zeiten, in denen man sich den negativen Dingen stellen muss, die im Leben passiert sind, damit man sie loslassen kann. Aber *irgendwann musst du alles loslassen, andernfalls besteht die Gefahr, dass der Missbrauch zu deiner ganzen Identität wird.*

Das Ziel sollte vielmehr darin bestehen, herauszufinden, was überhaupt zu der Beziehung mit dem Narzissten geführt hat, sprich, neue Erkenntnisse über sich selbst zu sammeln; Methoden zu finden, mit den Folgen und Nachwirkungen des Missbrauchs umzugehen; und die Situation schließlich in der Vergangenheit zu lassen, wo sie hingehört.

Wenn du endlich sagen kannst: „Das war ich, das habe ich durchgemacht, aber das bin ich nicht mehr" – ohne jegliche Emotionen –, dann hast du die Ablösung geschafft.

- Sei nett zu anderen, angefangen bei dir selbst. Es gibt genug Wut und Trauer auf der Welt. Du musst nichts mehr hinzufügen. Nach Monaten oder Jahren der Entwertung und Herabsetzung ist es eine Herausforderung, zu begreifen, dass du eine wundervolle Person bist, die Liebe und Freundlichkeit verdient, sowohl von sich selbst als auch von jedem, mit dem du dein Leben teilen möchtest.

Es ist wichtig, eine positive Atmosphäre um sich herum zu schaffen. Lass jene Menschen los, die dich herunterziehen, und widerstehe dem Drang, jeden vor sich selbst retten zu wollen. Ich konnte das gezielt einsetzen, als ich freiwillig als Telefonberaterin für eine Hotline für häusliche Gewalt tätig war. Durch das und die Teilnahme an einer Peer-Support-Gruppe habe ich einige faszinierende Frauen kennengelernt, die auf ihrer eigenen Reise sind und mir geholfen haben, wieder Freundlichkeit zu geben und anzunehmen.

- Vergib. Vergib dir selbst, deinen Eltern, deinem Peiniger und allen anderen, die dich verletzt haben. An Wut und Groll festzuhalten, ist an sich schon toxisch. Wenn du diesen Leuten vergibst, heißt das nicht, dass du sie damit freigesprochen hast. Es gehört zum Prozess, Schuld oder Scham loszulassen. Du hast nichts falsch gemacht, nur weil du dich in jemanden verliebt hast, der nicht in der Lage ist, Liebe zu erwidern. Vergebung ist dein Weg zum Frieden. Du wirst vielleicht überrascht sein, wie frei du dich fühlen wirst, nachdem du ihm und dir selbst wirklich vergeben hast.

- Lerne, Grenzen zu setzen. Das fällt vielen von uns schwer, insbesondere wenn man sehr einfühlsam ist. Lerne, dass es in Ordnung ist, „Nein“ zu sagen, und erlaube niemandem, dich zu schikanieren oder zu irgendetwas zu zwingen, was gegen deinen Willen ist.

Unter keinen Umständen darfst du auf diesen alten „Lass uns Freunde sein“-Quatsch hereinfallen. Auf diese Weise wird der Narzisst versuchen, eine gewisse Kontrolle zu behalten, indem er mit einem Fuß in deinem Leben bleibt. Für einige Frauen ist es verlockend zu sehen, ob sie auch in der Nähe ihres Peinigers immer noch in der Lage sind, stark genug zu bleiben, um nicht wieder in seinen Harem gesaugt zu werden. Anderen ist es egal, ob sie ihn jemals wiedersehen werden. Ich gehöre eindeutig zur zweiten Gruppe.

- Lerne, deinen Instinkten zu vertrauen. Für diejenigen von uns, die von einem schön redenden Manipulator hereingelegt wurden, ist das schwierig. Du fühlst dich wirklich dumm und beschämt, weil du dich in einen Haufen Bullshit verliebt hast. Aber das ist okay. Wir alle machen Fehler. Betrachte es als eine Lebenslektion, aber lass nicht zu, dass dich die Angst dazu bringt, dich selbst und deine Entscheidungen anzuzweifeln. Diesen Selbstzweifel und diese Unsicherheit hat dir dein Peiniger eingeflößt; das ist nicht, wer du wirklich bist; und das bedeutet nicht, dass du nicht fähig bist, vernünftige Entscheidungen zu treffen.

Aber du musst lernen, warum du diese Entscheidungen getroffen hast, was dich dazu veranlasst hat und was du tun kannst, um in der Zukunft ähnliche Entscheidungen zu vermeiden. Einer meiner Gründe ist das Bedürfnis, mich von meinem eigenen Schmerz und meiner eigenen Unsicherheit abzulenken, indem ich versuche, anderen Menschen zu helfen. Wie bereits erwähnt, als ich meinen Ex zum ersten Mal sah, war mein erster Gedanke, dass er traurig und allein aussah, als würde er eine Umarmung brauchen. Als wir dann ins Gespräch gekommen sind und ich dieses strahlende Lächeln auf seinem Gesicht gesehen habe, dachte ich: „Das habe ich getan."

Natürlich steckt viel mehr dahinter, und ich habe mich beraten lassen, um die Ursache bestimmter Unsicherheiten zu finden. Es ist deine Aufgabe, die innere Arbeit zu leisten, die notwendig ist, um mehr über deine eigenen Unsicherheiten zu erfahren. Je mehr du über dich selbst lernst und weißt, wie du tickst, desto sicherer wirst du sein, vernünftige Entscheidungen in deinem Leben zu treffen.

- Lass die Angst los, aber lauf nicht vor ihr weg. Wir alle haben eine natürliche Angst, die uns vor Gefahren schützt. Lerne, auf diese innere Stimme zu hören und ihr zu vertrauen. Die Art von Angst, von der ich spreche, ist die Angst, wieder zu leben und wieder zu lieben. Sieh es als Herausforderung, deine Ängste zu überwinden, indem du dich ihnen stellst.

Angst ist Kontrolle, und deshalb nutzen missbräuchliche Männer sie so effektiv. Eine der größten Ängste, welche die meisten Menschen haben, ist die Angst vor dem Unbekannten. Das ist etwas Universelles, und diese Art von Angst hält viele Menschen davon ab, aus toxischen Situationen herauszukommen. Wie das alte Sprichwort besagt: Von zwei Übeln wählt man besser das, welches man schon kennt. Das wird dann häufig als das „geringere Übel" bezeichnet.

Als ich dreißig wurde, beschloss ich, alles einmal auszuprobieren. Diese Wende kam, als bei meiner Tante Krebs diagnostiziert wurde. Sie hatte eine missbräuchliche Beziehung hinter sich, in der es zu schrecklichem psychischen und körperlichen Missbrauch kam. Nach siebzehn Jahren sagte sie dann endlich „Es reicht!" und ging weg.

Sie kaufte sich ein kleines Häuschen und wir halfen ihr, es zu renovieren. Danach organisierten wir eine Einweihungsparty für sie, damit sie für ihren Neuanfang das Nötigste hätte und auch ein paar kleine Extras, die sie sich nicht leisten konnte. Als sie ihren Peiniger verlassen hatte, war sie mitten in der Nacht zusammen mit ihrem Sohn, der damals ein Teenager war, mit nichts weiter als ihrer Kleidung auf dem Rücken von zu Hause weggelaufen. So musste sie bei vielem wieder ganz von vorne anfangen, sowohl innen als auch außen.

Es war ersichtlich, dass sie Fortschritte machte. Zum Beispiel ließ sie sich die Haare machen und kleidete sich neu ein. Es war Jahre her, dass sie etwas für sich gekauft oder überhaupt etwas für sich selbst getan hatte. Das erforderte etwas Gewöhnung, wegen der Schuldgefühle, die sie immer hatte, wenn sie Geld für Dinge ausgab, die nicht unbedingt notwendig waren. Ihr Sohn war genauso konditioniert worden. Wenn er um irgendetwas bat, wurde ihr Lebenspartner verbal missbräuchlich. Erst als der Missbrauch ihrem Sohn gegenüber auch körperlich ausartete, wurde ihr klar, dass sie gehen musste.

Eines Tages kam sie vorbei und verkündete, dass sie wieder auf die Uni gehen werde. Sie war so aufgeregt, dass sie sofort zehn Jahre jünger aussah. Nach einigen Monaten bemerkte sie, dass sie ein Talent für Design hat, und genau darauf fokussierte sie sich nun. Sie wollte Grafik- und Webdesignerin werden. Wir lachten beide darüber, weil wir uns daran erinnerten, dass sie einst nicht mehr in die Bibliothek hatte gehen wollen, weil der gesamte Bibliothekskatalog in einer Computerdatenbank war und sie nicht wusste, wie man ihn benutzte. Jetzt lernte sie, wie man Websites und Logos gestaltet.

Gegen Ende des ersten Semesters war sie wie eine wiedergeborene Frau. Sie dachte sogar darüber nach, sich wieder mit jemandem zu verabreden, aber sie war sehr unsicher wegen ihres Aussehens. Sie war Mitte fünfzig und saß mit Leuten auf der Schulbank, von denen die meisten etwa zwanzig waren, sodass sie sich manchmal alt fühlte, obwohl sie als meine Schwester hätte durchgehen können.

Sie machte Spaß, dass sie darüber nachgedacht hätte, sich die Augen machen zu lassen. Ich war noch nie ein Fan von Schönheitsoperationen, aber wenn sie sich dadurch besser fühlen würde, warum sollte ich dann etwas dagegen haben?

„Ich denke, du kannst eine Hormontherapie machen. Ich habe gehört, dass das bei kleinen Falten und Ähnlichem hilft“, sagte ich. „Irgendwo habe ich darüber gelesen. Du musst nur einen Bluttest machen, um zu sehen, ob du irgendeinen Mangel hast oder so.“

Sie überlegte es sich und sagte, dass sie mit ihrem Arzt darüber reden werde. So fand sie heraus, dass sie Leukämie hat, die zwar behandelbar, aber nicht heilbar ist. Die Ärzte gaben ihr zwei Jahre mit Therapie. Das war vor fünf Jahren. Sie ist in Remission, aber sie hat das Studium aufgegeben, sie hat alles aufgegeben. Es war herzzerreißend, das mit anzusehen. Nichts konnte sie davon überzeugen, dass es nicht vorbei ist, solange sie noch atmet.

Da beschloss ich, dass ich nie wieder etwas aufschieben würde. Ich wollte nicht das Ende meines Lebens mit dem Bedauern oder dem Wunsch erleben, nicht den Mut gehabt zu haben, ein Risiko einzugehen.

Mein ganzes Leben lang hatte ich Angst davor, zu fliegen. Dann beschloss ich endlich, meinen ersten richtigen Urlaub zu machen, und dafür musste ich nach Übersee fliegen. Ich bin auch sehr klaustrophobisch, was die Flugangst noch verstärkt. Aber ich riss mich zusammen, buchte den Flug und zog los.

Davor hatte ich etwa eine Woche lang Panikattacken und ich dachte schon fast daran, meine Pläne abzusagen. Dann beschloss ich jedoch, dass ich mich nicht von der Angst aufhalten lassen würde, und zog es durch. Diese Entscheidung habe ich nie bereut. Ich hatte eine tolle Zeit und lernte meinen jetzigen Partner kennen. Inzwischen fliege ich mehrmals im Jahr. Ich werde dabei immer noch ein wenig nervös, aber dann denke ich daran, wie eingeschränkt mein Leben wäre, wenn ich mich von der Angst davon abhalten lassen würde, in dieses Flugzeug zu steigen.

Wenn es um Dinge geht, die etwas weniger gefährlich sind als Reisen, denke ich immer: „Was ist das Schlimmste, was passieren kann?“ Wenn die Antwort darauf nicht Tod oder Körperverletzung ist, mache ich es, egal was „es“ ist.

- Löse dich von deinem Peiniger, aber nicht vom Rest der Welt. Es ist verständlich, dass du zurückhaltend bist, wenn es darum geht, Menschen an dich heranzulassen, nachdem du eine missbräuchliche Beziehung verlassen hast. Ich habe dir vorhin geraten, dich vom Täter zu lösen und zu lernen, Grenzen zu setzen. Aber gib acht, nicht abgestumpft und gleichgültig zu werden.

Dadurch könntest du dich von anderen Menschen abkapseln und dir wertvolle Erfahrungen entgehen lassen. Die Welt ist groß, und sie ist voller wundervoller Menschen. Denke einmal darüber nach, was du alles verpassen würdest, wenn du dich selbst beschränkst. Und noch etwas: Nur etwa 6,2 % der Bevölkerung sind Narzissten. Das heißt, 93,8 % sind es nicht. Die Chancen stehen also definitiv zu deinen Gunsten!

- Verliere dich niemals selbst. Dein Peiniger hat viel Zeit und Mühe investiert, um dich niederzureißen und dich nach seinem Idealbild wieder aufzubauen. Es gibt nichts, was du falsch gemacht hast, und nichts, womit du das verdient hast. Wenn du ein einfühlsamer, mitfühlender Mensch bist, lass dich nicht von der Angst vor Verwundbarkeit davon abhalten, der fürsorgliche, liebevolle Mensch zu sein, der du schon immer warst.

Worte der Weisheit sind in Ordnung, und ich bin froh, dass ich etwas von dem, was ich auf meiner eigenen Reise gelernt habe, an dich weitergeben kann. Allerdings bin ich auch eine Frau der Tat. Ich möchte nicht weiter auf die Opferrolle und Worte wie Co-Abhängigkeit eingehen. In jedem dunklen Teil unseres Lebens gibt es immer einen Silberstreif am Horizont. Man muss nur wissen, wo man suchen muss.

Du hast die Möglichkeit, dich auf eine gute Art und Weise neu zu erfinden. Wo jemand versucht hat, dich niederzureißen, hast du die Chance, dich wieder aufzubauen. Das habe ich getan. Anstatt zur PR-Branche zurückzukehren, beschloss ich, mein Glück mit meiner lebenslangen Leidenschaft zu versuchen: dem Schreiben.

Es war beängstigend, in eine neue Stadt zu ziehen, die ich

nur ein paarmal als Kind besucht hatte. Meine Cousine und ich sind im gleichen Alter und wir haben vieles gemeinsam. Sie war eine großartige Mitbewohnerin und hat mir bei meiner Transformation sehr geholfen. Die Entscheidung, ein stabiles Gehalt gegen die Ungewissheit eines Freelancers einzutauschen, war ebenfalls ziemlich beängstigend. Das hat mich aber auch von dem abgelenkt, was ich in den letzten zwei Jahren durchgemacht hatte. Es ist gut, geistig und körperlich beschäftigt zu bleiben, wenn man über einen längeren Zeitraum unter intensivem psychischem Stress gelebt hat.

Für mich war das kein Weglaufen. Ich lief auf etwas zu – ein neues Leben, eine neue Karriere, ein Tapetenwechsel.

Nicht jeder muss sich so drastisch neu erfinden. Das war für mich persönlich die richtige Entscheidung. Es gibt eine Million Möglichkeiten, wie man vorankommen kann, im Großen wie im Kleinen. Eines der wichtigsten Dinge, die du tun kannst, ist, dir Zeit für dich selbst zu nehmen.

Und wie sieht das konkret aus?

Setze dich hin und denke an etwas, was dir Spaß macht; an etwas, was du schon immer versuchen wolltest und bereut hast, es nicht getan zu haben; oder vielleicht an etwas, was du verpasst hast und während deiner Beziehung nicht tun konntest. Wann hast du das letzte Mal an einem Strand oder in einem Park gesessen und einfach ein Buch gelesen oder Leute beobachtet? Wann hattest du deinen letzten Mädchenabend, an dem du zusammen mit deinen Freundinnen einen Film geschaut hast und ihr euch in lockerer Atmosphäre einfach nur entspannt habt? Das waren einige Dinge, die ich eine Zeit lang nicht tun konnte, aber jetzt kann ich es, wann immer ich möchte, ohne Schuldgefühle oder Angst zu haben.

Du kannst einen Wellness-Tag einlegen oder dich mit Maniküre, Pediküre und unzähligen anderen Dingen verwöhnen, um eine schöne Zeit mit dir selbst und deinen Freunden zu verbringen. Was auch immer dir Freude bereitet oder dich glücklich macht, steht dir jetzt offen. Besuche einen Kurs, entdecke ein neues Hobby oder genieße einfach die Stille, wenn dir danach ist. Genieße das Leben und lebe es mit Gelassenheit.

Das Ziel ist, die Vergangenheit zu verarbeiten und den Trauer- und Heilungsprozess zu vollziehen, bis du anfängst, inneren Frieden und innere Zufriedenheit zu spüren. Diese werden bald deine Angst und deine Unsicherheit, deine Verwirrung und deine Trauer ersetzen. Das Leben wird nicht immer rosig sein, aber du wirst besser auf solche Zeiten vorbereitet sein. Wenn du das Gefühl bekommst, dass du rückwärts in Richtung Abgrund gleitest, wirst du die nötigen Tools besitzen, um schnell und mit Power darauf zu reagieren.

Es ist okay, dein Schutzschild fallen zu lassen und den Leuten zu erlauben, dir wieder nahezukommen. Der Mensch ist ein soziales Wesen. Du wirst es spüren, wenn du wieder bereit bist, in die Welt hinauszugehen.

Eine letzte Lektion, die ich weitergeben möchte, ist die Bedeutung der Dankbarkeit. Ich weiß, wie viel Glück ich in meinem Leben hatte. Wann immer ich etwas Schwieriges durchmachen muss, versuche ich, die Lektion darin zu finden. Ich will nicht sagen, dass alles aus einem bestimmten Grund passiert. Vielleicht tut es das, aber das Leben kann auch unfair sein. Wie dem auch sei, ich konnte feststellen, dass Dankbarkeit mehr Positivität in mein Leben bringt und mir hilft, mit Schwierigkeiten besser klarzukommen.

Diese Übung habe ich bei der Meditation gelernt. Es ist keine schwierige Sache. Du listest einfach all die Dinge auf, für die du dankbar bist. Das können allgemeine Dinge wie eine gute Gesundheit, ein guter Job, gesunde Kinder oder alles andere sein, was dein Leben glücklicher und vollkommener macht. Alles, was du dafür brauchst, ist ein Blatt Papier und ein Stift; du kannst diese Liste natürlich auch einfach in deinem Kopf machen, wenn du nachts im Bett liegst oder morgens früh aufwachst.

Eine Beispielliste könnte ungefähr so aussehen:

Heute bin ich dankbar:

- *für meine Gesundheit.*

- *dass meine Eltern noch da sind.*

- *für das Dach über meinem Kopf.*

- *dass ich meinen Lebensunterhalt mit etwas verdienen kann, das ich liebe.*

- *für meine Hobbys.*

- *für den schönen Sandstrand.*

- *für die köstliche Schokolade.*

Auf deiner Liste kann alles stehen, was dir in den Sinn kommt; alles, was dich dankbar macht, am Leben zu sein. Diese Übung ist besonders nützlich an Tagen, an denen du das Gefühl hast, dass nichts richtig läuft oder dass das Leben unfair ist. Das ist es auch, aber wenn du dich wirklich hinsetzt und darüber nachdenkst, wirst du wahrscheinlich feststellen, dass es mehr gibt, wofür du dankbar sein kannst, als du gedacht hast. Einige von euch denken vielleicht, dass das allzu simpel klingt, aber es kann wirklich deine Stimmung heben. Probiere es einfach mal aus.

Jeder von uns hat seinen eigenen Weg, und du brauchst Zeit, um auf deine individuelle Art und Weise zu heilen. Deine Stärke hat dich bis zu diesem Punkt gebracht. Du bist jetzt stärker und weiser, und du kannst deinen Weg durch diese Welt selbst bestimmen. Ich wünsche dir alles Gute auf deiner weiteren Reise zum Wohlbefinden.

ÜBER DEN AUTOR

Sofia wurde am 21. Juni 1983 in Freiburg geboren. Da sie sich schon immer besonders für Literatur interessiert hat, entschloss sie sich für das Studium der deutschen Sprache und Literatur an der Humboldt-Universität zu Berlin.

Nach Abschluss ihres Studiums beschloss Sofia, an ihrer Karriere als Schriftstellerin zu arbeiten. 2006 hat sie den Entschluss gefasst, Kolumnen für verschiedene Magazine zu schreiben, was sie später dazu bewegte, einen eigenen Blog zu erstellen.

Sofias schmerzhafte Erfahrungen in Liebesbeziehungen haben sie oft im Leben zu Boden geschlagen. Aber anstatt sich von den Problemen mitreißen zu lassen, stand sie tapfer auf und beschloss, ihre schlechten Erfahrungen in Lektionen fürs Leben zu verwandeln, nicht nur für sich selbst, sondern für alle anderen Frauen, die dasselbe erlebt haben oder erleben.

Mit diesem Ziel entschloss sie sich, ihre Leidenschaft für das Schreiben in diese Richtung neu auszurichten und Frauen mit ihrem Liebes- und Beziehungsblog *Ihr Weg* zu helfen, der sich sowohl auf dem US-amerikanischen und französischen Markt als auch auf dem skandinavischen Markt erfolgreich etabliert hat.

Heute ist sie eine erfolgreiche Geschäftsfrau, Sachbuchautorin, professionelle Beziehungsexpertin, Motivatorin und Kämpferin für Frauen. Durch ihr Schreiben unterstützt sie Frauen, stärkt ihr Selbstwertgefühl und verleiht ihnen neue Kraft, um für ein besseres Leben zu kämpfen.

Neben dem Magazin ist sie erfolgreiche Betreiberin der Facebook-Seiten „Ihr Weg" und „Sofia Müller" sowie des Instagram-Profils „@dasistihrweg".

In Berlin, wo sie wegen ihres Studiums umzog, fand sie die Liebe ihres Lebens und gründete eine Familie. Zusammen mit ihrem Mann und ihrem Hund genießt Sofia das Leben in ihrem Zuhause mit einem großen Garten, den sie oft ihr Lieblingsbüro nennt.

Sie ist leidenschaftliche Büchersammlerin und eine wahre Künstlerseele. Wenn sie nicht schreibt, malt, fotografiert oder liest sie wahrscheinlich eines der Bücher aus ihrer riesigen Kollektion. Als ewige Abenteurerin genießt sie ihre Reisen fast so sehr wie das Schreiben.